運営からトラブル解決まで

PTA お役立ちハンドブック

田所永世［著］

実業之日本社

はじめに

小学生・中学生のお父さんお母さんに、次のような質問をしてみましょう。

「ＰＴＡの活動に参加したいですか？」

おそらく、多くの人が答えに詰まると思います。

なぜかと言えば、本音では「参加したくない」のですが、あからさまにそう言うのがためらわれるからです。つまり、ＰＴＡの活動とは「参加しなくちゃいけないとは思うのだけど、積極的にしたくはない」ものだと思われているのです。

もちろん「私はＰＴＡが好きだし、活動にも参加したい」という人もいるでしょうし、そのような方の献身的な努力によってＰＴＡは支えられているのですが、そういう人ですらも、自分が少数派だとの自覚はあるでしょう。

では、質問を変えてみましょう。

「お子さんのために何らかの活動をしたいですか？」

今度は、多くの人がイエスと答えると思います。

実は、最初の質問と二番目の質問は、ほぼ同じことを聞いています。

なぜならばＰＴＡとは「児童・青少年の幸福な成長をはかる」ために活動する団体だからです。ＰＴＡとは、あなたのお子さんを含めた、学校のすべての子どもたちが健やかに成長できるように手助けをしようというボランティア団体です。

しかし、お子さんのために何かをしたいと考える人でも、ＰＴＡの活動に積極的に参加したいとはあまり思ってはくれません。その背景にはいろいろな問題があります。

たとえば、ＰＴＡが本当に子どもたちのためになっているのかどうかわからない、とか。自分の子どもにすらも十分な手がかけられないのに、他の子どものためにまで活動する余裕がない、とか。

あるいは、実際にＰＴＡの活動に参加したことがあるが、効率が悪くて、改善しようにもできなくて、やりがいが感じられなかった、とか。

一方で、ＰＴＡの活動は有意義だし、実際にやってみて、とても楽しかったと感じている人も、少なからずいます。

この落差はいったいどこから発生しているのでしょうか。

そもそも、ＰＴＡとは、いったい何をしている団体なのでしょうか。

実際のところ、ＰＴＡの活動や目的や仕組みについては、驚くほど知られていません。

子どもが小中学校に通っているお父さん、お母さんのほぼ全員がＰＴＡの会員であり、毎月わずかとはいえ会費を支払っているにもかかわらず、です。自分がＰＴＡ会員であることを知らない人も少なくはありません。

「そんなことでいいの？」と責めるつもりはまったくありませんが、「よく知らない会に入ってるのって気持ち悪くない？」くらいのことは思います。

そう聞くと「だって、ＰＴＡって学校でしょ？」と言われます。

そうですよね。でもＰＴＡで何か問題があったときに、学校や教育委員会に意見しに行っても「ＰＴＡは学校とは別の団体ですから、ＰＴＡの問題はＰＴＡの内部で解決してください」と言われてしまいます。

あるいは、他の学校の人に「ウチのＰＴＡはこんな仕組みになっていてさあ」と言うと「えっ、ウチとは全然違う！」とびっくりされることがあります。実は、ＰＴＡはそれぞれの学校ごとにつくられている独立の団体で、学校とは別の組織であることはもちろん、他のＰＴＡとの関連も薄いのです。

この、摩訶不思議なＰＴＡについて解き明かしてみようとしたのがこの本です。

「子どものために何かしたいけれども、ＰＴＡって大変そうだから二の足を踏んじゃうな」という人にぜひ読んでほしいと思っています。あるいは「ＰＴＡってけっこう楽しいんだけど、周囲に理解してもらえないな」と感じている人の役にもたてるんじゃないかと考えています。

なお、さきほども書いたように、ＰＴＡはあくまでも学校単位の独立団体なので、それぞれのＰＴＡによって組織体系や仕組みがかなり異なります。なので、本書においても「ウチのＰＴＡと違う！」と感じられるところもあるかと思いますが、ご了承ください。

それでは、ＰＴＡの世界へようこそ。ごゆっくり、お楽しみください。

運営からトラブル解決まで　ＰＴＡお役立ちハンドブック　目次

まえがき　2

第一章　基本編　**知っておきたいＰＴＡをとりまく状況**　**9**

Ｑ１　ＰＴＡっていったい何なの？　10
Ｑ２　ＰＴＡって何をしているの？　14
Ｑ３　なんでＰＴＡが問題になっているの？　17
Ｑ４　ＰＴＡって、制度として、なくてはならないものなの？　20
Ｑ５　ＰＴＡは入会しないといけないものなの？　23
Ｑ６　ＰＴＡを退会すると何か問題があるの？　26
Ｑ７　どうしてＰＴＡについての話は、意見が対立しがちなの？　29
Ｑ８　ＰＴＡの活動には参加しないといけないの？　32
Ｑ９　ＰＴＡの活動に参加するのって時間の無駄じゃないの？　35
Ｑ10　ＰＴＡって外国にもあるの？　38

第二章　組織編　**役員や委員になる前に考えておくこと**　**41**

Ｑ11　ＰＴＡの役員や委員は、一度はやらなければいけないの？　42

Q12 ＰＴＡの役員や委員を断るときはどうすればいいの？ 45
Q13 ＰＴＡの委員になると何かいいことがあるの？ 48
Q14 ＰＴＡの役員になると何かいいことがあるの？ 51
Q15 ＰＴＡの役員や委員になると、何か困ることがあるの？ 54
Q16 ＰＴＡの活動には本当に意味があるの？ 57
Q17 ＰＴＡの役員や委員には報酬や特権があるの？ 60
Q18 なぜ、教員もＰＴＡの会員になっているの？ 63
Q19 ＰＴＡのＴである教員はＰＴＡの活動に参加しているの？ 66
Q20 ＰＴＡの会費は何に使われているの？ 69

第三章 運営編 ＰＴＡで何をするか知ろう 73

Q21 ＰＴＡの役員や委員ってどういう位置づけなの？ 74
Q22 学級委員会、学年委員会って何をするものなの？ 79
Q23 成人教育（文化厚生）委員会って何をするものなの？ 82
Q24 広報委員会って何をするものなの？ 85
Q25 校外指導委員会って何をするものなの？ 89
Q26 役員指名（推薦、選考）委員会は何をするものなの？ 93

Q27 会長、副会長、書記などの役員は何をするものなの？ 96
Q28 PTAの会長や委員長はどうやって選ぶの？ 100
Q29 日本PTA全国協議会には所属しなければいけないの？ 104
Q30 日本PTA全国協議会って、いったい何をしている組織なの？ 108

第四章 応用編 「困ったな」のそのときに、考えてみること 111

Q31 うちのPTAはまるで学校の言いなりに見えるんだけど、どうして？ 112
Q32 PTAのほかに保護者会というものがあるんだけど、どう違うの？ 115
Q33 講演会や講習会に、PTA会員が人数合わせで出席するの、無駄じゃない？ 118
Q34 PTAの予算が少ないのに、指定業者を使ってほしいと言われた。なんで？ 121
Q35 無駄な会話が多くて、会議がちっとも進まないのはどうにかならないの？ 124
Q36 自費で参加しなければならない親睦会や懇親会って本当に必要なの？ 127
Q37 バザーやベルマークや資源回収、本当にやったほうがいいの？ 131
Q38 PTAの活動って仕事を休んでまで参加しないといけないものなの？ 134
Q39 学級委員やクラスからの役員候補が決まらない！ どうしたらいいの？ 138
Q40 PTAの役員や委員になってもらうにはどうしたらいいの？ 143

第五章　未来編　よりよいＰＴＡをつくるために、考えておきたいこと　147
Ｑ41　ＰＴＡっていったいどんなことができるの？　148
Ｑ42　より多くの人が参加するＰＴＡってどんなもの？　151
Ｑ43　あらためて、ＰＴＡとはどうあるべきなの？　154
Ｑ44　ＰＴＡで新しいことをしようとしてもすぐに反対されるけど、どうしたらいい？　158
Ｑ45　ＰＴＡを改革するにはどうしたらいいの？　161
Ｑ46　ＰＴＡに対する不満をどのように解消するべきか？　164
Ｑ47　ＰＴＡは自動入会を止めて、いちいち入会申請書を書いてもらったほうがいいのか？　167
Ｑ48　自動入会と任意入会のメリットとデメリットをそれぞれ教えてください。　172
Ｑ49　ＰＴＡの改革をしようとしていろいろ提案しても、みんなの反応が悪い。どうしたらいい？　177
Ｑ50　これからのＰＴＡはどのような姿が望ましいの？　182
ＰＴＡ改革事例その１　平川理恵さんの場合　189
ＰＴＡ改革事例その２　山本浩資さんの場合　199
あとがき　212
ＰＴＡを知るためのブックガイド（参考文献）　215

カバーイラスト　喜内順子（KINAI COMMON ROOM）

第一章　基本編

知っておきたいＰＴＡをとりまく状況

Q1 ＰＴＡっていったい何なの？

教科書的に言うのであれば、ＰＴＡとは「父母と教員とが協力して、家庭と学校と社会における児童・青少年の幸福な成長をはかることを目的」にした団体です。

この言葉は、１９５４（昭和29）年に文部省が作成した〝小学校「父母と先生の会」（ＰＴＡ）参考規約〟第三条に書かれています。ＰＴＡとは Parent Teacher Association（親と教師の団体）の略称なので、当時は「父母と先生の会」と呼ばれていたのです。

しかし、この定義では、何をする団体なのかさっぱりわかりません。「児童・青少年の幸福な成長」というだけでは、やるべきことはいくらでもありそうです。

そこで、実際に、保護者にとってＰＴＡがどのように見えているのか、私の個人的な体験から述べてみましょう。

私がＰＴＡに初めてかかわったのは子どもが小学校に入学したときです。それ以前にも名前ぐらいは聞いたことがありましたが、あまり気にしたことはありませんでした。

入学式でＰＴＡ会長さんの挨拶があり、あいまいな記憶ですが「保護者のみなさんはＰＴＡの会員になります」というような説明をされたような気がします。

後日、配布されたプリントを見ると、「PTA会員は子ども一人につき6年間で一回は委員をお引き受けください」、「子ども一人につき1年間に一つ以上の行事のお手伝いをしてください」などと書かれていました。

なるほど、PTAとは保護者の会のことで、保護者には学校の行事を手伝う義務があるのだな、とそのときは理解しました。幼稚園にも保護者の会（父母の会）はありましたし、運動会や発表会のお手伝いをしていたので、そのように考えたのです。

ところが、その後に徐々にわかってきたのですが、この保護者の会は学校からは独立した団体で、PTA会長や副会長、書記や会計係といった運営役員も、保護者の中から選ばなければならないようでした。

もちろん運営役員以外にも、さまざまな活動ごとに活動委員（専門委員）が必要ですから、そちらも選ばなければなりません。たしかに、指示されてお手伝いをするヒラ会員だけでは組織はなりたたないでしょう。上に立って、人をまとめて指示をするリーダー役が必要です。

これって何かに似ている、と思い出したのは、中学校や高校の生徒会のことです。

生徒会も、会長と副会長と書記と会計のいる役員会があって、規約があって総会があって、全生徒がメンバーになっている組織です。そして、学校という制限の中だけれども、ある程度の自主性を与えられています。生徒会もPTAも、どちらも熱心な人とそうでない人がいることもよく似ています。

言われてみれば、入学式のときにずらりとＰＴＡの役員さんたちが並んでいました。そのときは、彼ら彼女らがどのような経緯で役員になったのかなんて考えもしませんでした。どこかで誰かが決めているんだろうくらいに思っていました。校長先生だって、担任の先生だって、どこかで誰かが決めたものに従うだけですから、それと同じことだと思っていたのです。

ところが、どこかで誰かが決める遠い存在のＰＴＡは、入学早々、身近なものになってしまいました。子どもの入ったクラスの保護者の中から、学級委員（クラス委員）を決めねばならないと言い渡されたからです。

そういえば、と私は思いました。幼稚園のときも、保護者の取りまとめをする学級委員を決めるのが大変だと妻が言っていました。

当初は立候補を募るのですが、なかなか成り手が見つからず、最後はくじびきになるというのです。

ところが、くじびきになると、くじに当たっても「忙しいのでできません」と固辞する人や「最低限のことしかしません」と最初から宣言する人などがいて、雰囲気が悪くなるのです。

そのため、先生たちはくじびきを回避しようと、必死でお願いをします。その言葉にほだされて、学級委員を引き受けてくれる善意の人がかろうじて見つかる、というのが、例年の光景なのだそうです。

なかなか大変な話です。たしかに、おおぜいの保護者がお手伝いに参加するのであれば、取りまとめや采配を行う人が必要です。先生がその役を担ってもいいのですが、学校の先生というのは子どもたちをまとめるだけで大忙しで、保護者の世話まで焼くことはできません。「大人なんだから、自分たちのことは自分たちでやってよね」というわけでもないのでしょうが、保護者の中からリーダーシップをとる人が現れるのに越したことはありません。

小学校のＰＴＡでも、学級委員に立候補する人がいなければ、最終的にくじびきやじゃんけんで決めることがあるそうです。「ほかにやる人がいなければやってみる」と言って学校に出かけた妻が、学級委員になって帰ってきたのは当然だったのかもしれません。

Ａ１

ＰＴＡとは、学校ごとに存在する、保護者を中心とした団体です。自主運営の団体なので運営役員が必要ですが、成り手が見つからないときもあります。

Q2 PTAって何をしているの？

ＰＴＡの目的はおおざっぱに言えば「児童・青少年の幸福な成長をはかること」です。しかし、実際にどのような活動をしているかは、それぞれのＰＴＡによって異なるので、いちがいに言うことはできません。

厳密に言えば、ＰＴＡの目的や活動は、それぞれのＰＴＡによって異なります。もし自分の子どもが通う学校のＰＴＡの目的や方針について知りたければ、それぞれのＰＴＡの規約をご覧になるとよいでしょう。

ただし、ＰＴＡはもともと、戦後間もない頃に文部省からの指導によって全国の学校につくられたとの経緯があるために、共通する部分も多いです。長い年月の間にそれぞれの学校のＰＴＡは何度も規約改正を行い、独自の進化を遂げましたが、理念についてはそれほど変わっていないかもしれません。

私の理解では、ＰＴＡの活動は大きく次の４つに分類できます。

①学校の活動の支援

運動会や学芸会や入学式・卒業式における準備や運営のお手伝い、夏休みのプール開放の監視、校舎の清掃や校庭の草むしり、授業参観や給食の試食会、運動会の参加賞や卒業記念品の購入、ベルマークやバザーを通した学校への寄付、先生方の歓送迎会の開催と運営、などになります。多くのPTAでは、この学校のお手伝いがメインの活動になっています。

②地域や家庭での子どもの育成活動への支援

子どもの非行や不審者などを取り締まる地域のパトロール、通学路での交通事故などを防ぐための旗振り、青少年指導協議会など地域の会合への参加、子育てに関する講演会や講習会などの企画と運営、子どものためのスポーツ大会やお祭りなどの企画と運営、などになります。

③PTA会員の親睦や学習のための活動の開催

PTA会員の親睦会の開催と運営、広報誌の作成と配布、成人病や介護やパソコンなどPTA会員が興味を持ちそうなテーマに関する講演会や講習会の企画と運営、バレーボールやコーラスや手芸などPTA会員によるサークル活動の企画と運営、などになります。

④PTAという組織の運営に関する活動

それぞれのPTAには総会や役員会があり、それらの開催と運営が必要です。また、それぞれの学校のPTAは単P（単位PTA）と呼ばれ、ほとんどの場合、市や区などの地方自治体によるP連（PTA連合会、PTA連絡協議会）に所属しているため、P連の活動にも参加する必要があります。

いかがでしょうか。

人によってさまざまな感想があるかと思いますが、おおむね「児童・青少年の幸福な成長」のためになることをしているのではないかと私は思います。

しかし、ＰＴＡは基本的にすべての保護者が会員として所属する団体なので、なかにはさまざまな意見を持つ方がいます。

たとえば、「ＰＴＡ会員同士の親睦は子どもとは無関係だから不要」という声もあれば「いや、子ども同士で問題が起きたときに会員（保護者）同士が知り合いであったほうがよい」という反論もあります。「保護者に負担を強いるＰＴＡという組織自体がいらない」という過激な意見もありますし、「ＰＴＡは必要だと思うけど、私は忙しいから活動には参加できない」という人もいます。

多くの会員の声を反映させているので、個人的には不要と思える活動があったり、必要と思える活動がなかったりすることがあります。

Ａ２　**ＰＴＡは、主に子どものためにいろいろな活動をしていますが、その活動内容に対しては賛否両論があります。**

Q3 なんでPTAが問題になっているの？

2013年11月27日の産経ニュースwestに、次のような痛ましい報道がありました。

「京都府警は26日、府内の小学校の校長室に包丁を持ち込んだとして、銃刀法違反の疑いで、京都府内の無職の女（45）を逮捕した。〈中略〉府警によると、女はこの小学校のPTA役員で、自分の子供が通学している。女は校長室で校長と面会し『役員を辞めさせてほしい』と頼んだ後、かばんから包丁を取り出して自分の手首を切ったという。」

詳細はわかりませんが、この女性が精神的に追い詰められていたことと、その原因がPTAにあったこと、役員を辞めたかったのに辞められなかったことなどが推測できます。

それが、この小学校のPTAだけの問題であるならばよいのですが、どうもそうとも言い切れないようです。なぜならば、現在、朝日新聞などのメディアを中心にPTAの役員選考が大きな問題として取り上げられているからです。

問題の中心になっているのは、役員の強制です。PTAは子どもを学校に通わせている保護者の組織ですから、毎年、会員が入れ替わり、役員も選び直しになります。たまたま、やる気のある方がいて立候補してくれればよいのですが、たいていは推薦で名前のあがった方にお願いすることになります。誰も引き受けてくれないために、経験者が再登板することも多いですし、最終的にじゃんけんやくじびきで決めてしまうところもあります。

そのため、「やりたくないのにやらされた」という不満を持つ方が増えて、その方たちが「あまりいい経験ではなかった」と周囲にこぼすことから、ＰＴＡに対するネガティブな空気が作られてしまっている面もあります。

ＰＴＡでは、良い経験をした人と悪い経験をした人の両方がいるのですが、どちらかといえば悪い経験をした人の声のほうが大きく聞こえるところもあります。おそらく、その方たちが「善意」から、ＰＴＡを避けるように知人にアドバイスするためだと思います。また「良い経験になった」という方も、手放しで賞賛することは少ないようです。

もちろん、やりたくない人に「義務」として活動を強制するＰＴＡにも問題はありそうです。「人手が十分に集まらないのであれば活動を減らそう」となればよかったのですが、なぜか多くのＰＴＡは「どうにかしてやってもらう方法を考えよう」との方向に、知恵を使ってきたように見えます。

そうして考えられたのが「ＰＴＡは親の義務です」という無言の圧力と、「一人ひとりの負担を減らすために、全員で薄く広く負担を分担しましょう」という平等主義でした。

その結果、善意の人や気が弱くて断れない人に負担が集中するという事態は避けられるようになりましたが、「やりたくないのに無理やりやらされた」との不満を持つ人が増えて、ＰＴ

Aが社会問題化してしまいました。冒頭にあげた事件の女性は、その被害者であるとも言えます。

PTAをめぐる対立では、さまざまな意見があるので、なかなか決着がつきません。

たとえば「私たちみんながPTAの恩恵を受けているのだから、それぞれが、ちょっとした労働を提供するのは当然だと思う」とAさんがいうのは正論です。

一方、「ちょっとした労働でも私にとっては大変なんです。人にはそれぞれ事情があります。理解してください」というBさんの声にも一理あります。

この対立が極端になると「Bさんってワガママだよね」というAさんからの人格攻撃になり、「Aさんって人権侵害だよね」というBさんからの訴訟沙汰になってしまいます。これまではAさんの声の方が大きかったのですが、最近はBさんの声がネットやメディアを通じてだんだんと大きくなってきているようです。

A3 やりたくない人に無理にやらせるなど、PTAの役員や委員の強制の行き過ぎが社会問題化しています。

Q4 PTAって、制度として、なくてはならないものなの？

学校にとってPTAが必須かどうかで言えば、必須ではありません。実際に、PTAという名称の組織が存在しない学校も、少なからずあります。

たとえば、民間人校長で話題になった東京都杉並区立和田中学校は、2008年に会長の選出が難航したことをきっかけとして、PTAを廃止してしまいました。

しかし、PTAという組織がなくなったとしても、PTAが担ってきた活動の必要性は残ります。和田中では、どうしてもなくすことのできない活動のために、新しく「保護者の会」を設立しました。

この保護者の会と、従来のPTAとの違いは、教員の参加がないことと、杉並区のP連（杉並区立中学校PTA協議会）に加入していないことです。

また、埼玉県飯能市の私立自由の森学園中学・高校には、1985年の開校以来、PTAがありません。その代わりに、学校が運営する保護者会があり、保護者主催のイベントなども行われています。そのほか西東京市立けやき小学校も、PTAのない学校として有名ですが、保護者が自発的につながりをつくっているそうです。

つまり、ＰＴＡという名称の組織は必ずしも必要ではありませんが、学校を運営するうえでＰＴＡに類似する組織、つまり保護者が集まって話し合いを行える場はあったほうがいいわけです。そのような保護者の会を、とりあえずＰＴＡと呼ぶのであれば、学校にはＰＴＡは必須であると言えます。

もしＰＴＡがなくなったとしたら、学校の教育方針に対して保護者の間で大きな不満が高まったとしても、それを集まって話し合う場も、学校に対して申し入れるための窓口もなくなってしまいます。必要になったときに作ればよいとの意見もありますが、組織を起ち上げる苦労を思えば、すでにある組織を維持するほうがずっと楽です。

保護者の代表としてのＰＴＡという組織が、日常的に校長や副校長とコミュニケーションをとっているために、子どもたちの環境が保護者の望む方向に近いかたちで改善されているという面は無視できません。

逆に、学校にとってもＰＴＡは保護者への窓口として便利なものです。保護者の声を聞いたり許可を得たりしたいときに、保護者全員に聞いて回るのは大変ですが、ＰＴＡという代表機関があれば手続きが楽になるからです。学校と保護者とをつなぐものとしてＰＴＡが便利に機能してきたことは疑いがありません。

ですから、ＰＴＡという組織自体をなくしてしまうことは難しいでしょう。もちろん、ＰＴＡの中には、必ずしも必要でないと思われる活動も少なからずありますが、どうしても必要な活動もたくさんあるのです。

また、学校を支援するという面でも、ＰＴＡの役割は大きいようです。たとえば、戦後、学校に図書室（学校図書館）や給食が整備されるようになったのは、ＰＴＡの行政への運動や寄付のおかげだと言われています。

現在でもなお、多くの学校でＰＴＡは学校の資金源になっています。文部科学省の調査では、全国の公立の小中高等学校がＰＴＡから受けた寄付金の額は２００７年度で約２１１億円にのぼるそうです。

もちろん、公立学校である以上、学校教育に必須の設備や費用は税金でまかなわねばならないという建前はあります。しかし、何が必須であるかの判断基準はあいまいなうえ、財政難から、学校の要望する設備費用がなかなか認められないという現実もあります。

理想を言うのであれば、ＰＴＡ会費から学校に寄付をする必要がないほど、教育予算が潤沢にあることが望ましいでしょう。しかし、現実問題としてそのようになってない以上、ＰＴＡが学校の運営に対して労働力や資金を提供することは、やむをえないことなのかもしれません。

Ａ４　**ＰＴＡという名前である必要はありませんが、保護者の代表となる組織はあったほうが何かと便利です。**

Q5 ＰＴＡは入会しないといけないものなの？

私が、子どもの小学校入学時にもらったプリントには「ＰＴＡ会員（全保護者、教職員）」と書かれていました。

同時に、ＰＴＡ会費が給食費とともに銀行口座から引き落とされることも知らされました。

つまり、そのときは、ＰＴＡは全保護者（父親と母親）が自動的に会員になるものだと思っていました。

ところが、実際にはそうではありませんでした。

２０１０年、文部科学省の委託事業としてＮＰＯ教育支援協会が行ったシンポジウム「これからのＰＴＡのあり方」にて、文科省の生涯学習政策局社会教育課長である神代浩さんが次のように述べています。

「文科省としては少なくとも教育委員会の職員と校長に対しては、ＰＴＡは任意加入だということをきっちりと広める」

任意加入とは、入会するのも退会するのも自由だという意味です。

その言葉どおり、同年に文科省が各都道府県教育委員会に向けて出した「平成22年度優良Ｐ

ＴＡ文部科学大臣表彰について」の事務連絡には、「ＰＴＡが任意加入の団体であることを前提に」との文言がはっきりと書かれました。

つまり、ＰＴＡが任意加入の団体であることは、その発足を促した文部科学省も明らかに認めている事実です。都道府県の教育委員会などに問い合わせても、「ＰＴＡは原則として任意加入の団体です」という公式回答が返ってくるはずです。

しかし自主独立運営を建前とする学校単位のＰＴＡの多くは、規約として「任意加入」をうたってはいません。原則は原則として、うちは全員加入にしておこうという暗黙の了解のもと、保護者と教員に自動的な入会を義務づけています。

同シンポジウムに先だって、ＰＴＡ役員経験者６３０名に行ったアンケート調査では、次のような回答が寄せられました。

【問】ＰＴＡに入会するとき、入退会の説明はありましたか？

●ＰＴＡ入会時に入退会は任意で自由であることの説明があった。――17％
●説明はなかったが、入退会が自由であることを今は知っている。――25％
●説明はなかったし、入退会が自由であるかどうかは知らない。――50％

役員経験者の50％が、ＰＴＡは任意加入であることを知りませんでした。一般のＰＴＡ会員であればほとんどの方が知らないでしょう。

また、知識のある役員も、任意加入であることをPTA会員に知らせることをためらいます。入退会は自由であると知らせると、会員数が減少するのではないかと怖れているからです。それはとりもなおさず、現在のPTAは誰もが入会したくなるような団体になっていないと、その人自身が認めていることを示します。

そんななか、岡山市立西小学校や札幌市立札苗小学校、岐阜市立鏡島小学校などのPTAは、近年、熱心なPTA会長のもと「入退会は自由」であると知らせ始めました。

幸いなことに、周知の後でも、加入率は90％を越えているそうです。また、最初から入退会は自由であると知らせているPTAも、少なからず存在しています。

2013年4月23日付の朝日新聞朝刊で、憲法学者の木村草太さんは、PTAの強制加入は不法行為になるとの見解を示しました。PTAには「入会したほうがよい」と私は考えていますが、「入会しないといけない」ことはありません。

A5 PTAは原則として入退会が自由です。ただし、個々のPTAで方針が異なるので、規約を確認してください。

Q6 ＰＴＡを退会すると何か問題があるの？

原則としては、問題はないことになっています。

もし、あなたの所属するＰＴＡが任意加入をうたっていて、入会時にも入会申請書をきちんと書かせているのであれば、おそらく退会することは自由です。退会申請書が用意されているのであれば、なおさらです。

もし、自動加入になっていたとしても、ＰＴＡの原則は任意加入ですから、その原則を勉強して理論武装し、冷静に退会したい旨を責任者に伝えることができれば、最終的には退会できないことはないでしょう。

難しそうな場合は、証拠が残るように文書にすることと、教育委員会の意向に逆らえない、校長などの学校関係者（校長をはじめとする教員もＰＴＡ会員です）を巻き込むことが役に立ちます。

ただし、ＰＴＡ役員の中にはＰＴＡが原則として任意加入であることを知らない方もいます。その場合は、話を通じさせるまでに多少の時間がかかるでしょう。また、さまざまな理由を挙げて、退会しないでほしいとお願いされることがあるかもしれません。どうしても退会するという強い意志がなければ、多少、手続きが面倒であるとも言えます。

その過程で、ＰＴＡを退会するとデメリットがあるという話を聞かされるかもしれません。たとえば、ＰＴＡ主催の行事（餅つき大会とかスポーツ大会とか）に参加できなくなるとか、運動会の参加賞や卒業記念品はＰＴＡ会費で購入しているのであなたのお子さんにだけあげられなくなるとかの話です。

非会員に対するそのような差別は、原則論としては、あってはならないことです。なぜならばＰＴＡは、ＰＴＡ会員の家庭のためだけのものではなく、会員非会員を問わずに学校の全生徒に奉仕するものだからです。

ただし、理屈ではなく気持ちとしてはわからないこともないので、参加賞や記念品の費用については、非会員が実費で支払いをするといったあたりが落としどころかもしれません。

感情論としては、ＰＴＡ会費を納めていない非会員に対して同様のサービスを提供することへの抵抗は、理解できます。そのため、実害はなくても、ＰＴＡ会員から、集団の和を乱す厄介者と見られることまでは避けることができません。相手が悪ければ、子どもがいじめや嫌がらせを受けることもあるかもしれません。

そのような事態をおそれて、ＰＴＡを退会したいと思っていてもなかなかやめられない人もいます。もちろん、たいていの場合は、退会しても何事もおきません。実際にＰＴＡを退会して、あるいは最初から入会せずに、平和に暮らしている人もいます。

ＰＴＡとはマンションの自治会や町内会のようなものです。入会する・しないは個人の自由ですが、ＰＴＡがあることで、入会をしていない人もまた、何らかの利益を享受していることもたしかです。

繰り返しになりますが、ＰＴＡの入退会が自由である以上、強制的な入会や、退会した人に対する嫌がらせは、あってはならないことです。ただし、周囲の人がほとんど入会しているなかで、一人だけ入会しないことにすれば「変わり者」と見られることは必至です。

２０１４年7月3日の朝日新聞は、次のようなニュースを報じました。

「子どもが通う小学校のＰＴＡが任意団体であるにもかかわらず、強制加入させられたのは不当として、熊本市内の男性（57）がＰＴＡを相手取り、会費など計約20万円の損害賠償を求める訴訟を熊本簡裁に起こした。〈中略〉12年に退会届を出したが、『会則の配布をもって入会の了承としている』などとして受理されなかった」

自動的に全員が加入するようなＰＴＡで、一人だけ退会するのは非常に勇気のいる行為です。後に続く方の道を切り開くという意味ではフロンティア精神あふれる立派な行為ですが、それなりの摩擦は覚悟しなければならないようです。

Ａ6　原則として退会は自由ですが、周囲との摩擦が生じる怖れがあります。

Q7 どうしてPTAについての話は、意見が対立しがちなの？

ＰＴＡを好きな人と嫌いな人が分かれてしまうのは、それぞれの人の「ＰＴＡ体験」がまったく異なるからです。そして「ＰＴＡ体験」が異なってしまうのは、それぞれの人の性格の違いもさることながら、それぞれのＰＴＡもまた、その性格を異にするからだと言えます。

まず、ＰＴＡとは、決して日本全国を網羅するたった一つの団体ではありません。マスコミなどでは、あたかも一つの団体であるかのように、簡単に「ＰＴＡ」と書かれてしまいますが、実は日本全国のＰＴＡはそれぞれが別個の組織で、すべてのＰＴＡに共通する制度は、厳密には存在しません。

ＰＴＡに関する議論で忘れられがちなのは、学校ごとに独立したＰＴＡがあって、それぞれがかなり違う性格をもっていることです。そのため、しばしばＰＴＡに関する一般論は、話がかみ合わなくなります。トヨタの社員とニッサンの社員が、会社に対する愚痴をこぼしあっても、あまり相手に通じないのと同じことです。

だからといって、それぞれのＰＴＡがまったく関係がないわけでもありません。日本ＰＴＡ全国協議会（日Ｐ）という、全国のＰＴＡの９割以上が加入する全国組織も存在しています。

しかし、未加入のＰＴＡもある以上、日ＰがすべてのＰＴＡを代表しているとは言い切れません。

これが、学校とＰＴＡとの大きな違いになります。学校のように法律で規定されている組織の場合は、文部科学省や教育委員会からの上意下達の命令で動かすことができます。しかしＰＴＡは、建前上は、それぞれが自発的に結成されたものであって、外部からの指示に従う必要はないのです。

たとえば、文部科学省は、「ＰＴＡは原則として任意入会の組織である」と言っていますが、ＰＴＡの自治権を犯すことになってしまうため、個々のＰＴＡに命令することまではできません。個々のＰＴＡは独自の規約を持つ独立組織だからです。

そのため、非常に和やかに運営され、自主的な活動が活発であるＰＴＡもあれば、誰も運営に携わりたがらず、ぎすぎすした雰囲気のＰＴＡもあります。当然、前者のようなＰＴＡで活動した人はＰＴＡを好きになり、後者のようなＰＴＡで活動した人はＰＴＡを嫌いになります。

また、ＰＴＡの会員も役員も毎年のように入れ替わりがあるため、同じＰＴＡでも、ある時期は団結力があって協力的で、別の時期は崩壊寸前なほど関係が悪化していることもあります。場所による違いのほかに、時期による違いもあるわけです。

もちろん個人的な相性もあるでしょう。同じＰＴＡで同じ時期に活動していても、たまたまパートナーに恵まれた人と、周囲と意見が合わなかった人とでは、その体験も大きく異なります。

ですから、「ＰＴＡの役員をやって、人生が変わった」と明るく話す人もいれば「二度とＰ

ＴＡにはかかわりたくない」と退会してしまう人もいます。それぞれの所属するＰＴＡがまったく別個のもので、体験もそれぞれ異なるとなれば、ＰＴＡを一般論で語ることは難しくなってしまいます。

さらに、同じＰＴＡに所属していても、それぞれの性格によって体験は異なります。社交的で、人と一緒に協力して何かを行うことが好きな人であれば、ＰＴＡを楽しいと感じることが多いかもしれません。一方、人見知りで他人としゃべることが苦手な人にとっては、ＰＴＡ活動が苦行になってしまいます。

一般に、ＰＴＡ問題においては、個々の体験の違いよりも、個々人の感性の違いにばかり注目が集まる傾向があります。しかし、個々のＰＴＡが違う組織であること、そのときどきの構成員によって空気も変わることを前提にしなければ、話がなかなか前に進まないと私は考えています。

Ａ７　ＰＴＡは学校ごと、時代ごとに異なる組織であるのにもかかわらず、いつでもどこでも同じものだと考えられてしまいがちで、議論の混乱を招いています。

Q8 PTAの活動には参加しないといけないの？

まず、あなたがPTAの会員であるかどうかを確認してください。もし会員になっているのであれば、それは「できる時に、できる事を、できる範囲で」活動に参加すると同意したのと同じことになります。

しかし、実際のところ、自分が入会したとの自覚がないままにPTA会員になっている方もたくさんいらっしゃいます。日本のPTAの多くは、学校に通っている生徒の保護者を自動的に入会させるシステムになっていますから、知らないうちにPTA会員になっていたという方も少なくありません。

また、保護者には父親と母親の両方が含まれますから、母親のほうはPTA会員であると自覚していても、父親のほうは、自分がPTA会員であることに無自覚なことも多いようです。

ですから、自分はPTAの活動に絶対に参加したくないという方は、退会を検討してみるとよいかもしれません。もちろん、退会すればPTAの活動に参加する必要はなくなります。

とはいえ、PTAにはお世話になっているし、忙しくて活動に参加できなくても会費を払うくらいの貢献はしたい、という方もたくさんいるでしょう。また、みんなが入っているなかで、一人だけ退会なんかして波風をたてたくないという気持ちもわかります。

そのため、入会はするけど、活動には参加したくない、という方ができてしまい、これがPTAをめぐる問題の一つになっています。

もちろん、PTAの活動は基本的にボランティアなので、できないときに無理に参加する必要はありません。しかし、何もしないままでは「気が引ける」という人もいるでしょうし、PTAによっては「参加してください」と、「義務」であるかのように呼びかけているところも多くあります。

そこで、無理のない範囲で参加する方法を考えてみましょう。

まず、ひとくちに「PTAの活動」といってもいろいろあります。大きく分けると、会長や副会長や書記といった「役員」、それから広報委員、学級委員などといった「委員」、そして行事ごとのお手伝いをする「係」に分かれます。これらの名前はPTAごとに異なるのでややこしいのですが、通常は「役員」と「委員」の2つが年間を通しての活動となり、年度初めに選ばなければならないPTAの「役」となります。

つまり、役員や委員などはいろいろな事情があって難しいとしても、そのときどきのイベントごとに、ボランティアとしてお手伝いをするだけでも、PTAの活動に参加したことになります（場合によっては、お手伝いをしなくても、イベントに参加するだけでも喜ばれるかもしれません）。

また、イベントごとのボランティアとしての参加も難しそうであれば、役員や委員の方に事情を説明して「ほかにできる活動はない？」と聞いてみましょう。

ベルマークを集めたり、バザーに商品を提供したり、あるいは寄付金を多く支払ったりなどでも、立派にＰＴＡの活動に参加したことになります。

ＰＴＡの活動＝役員＝大変、と杓子定規に考えずに、できる範囲で、できる事を行ってみてください。

ちなみに、ＰＴＡによっては「会員は、役員や委員などを一度は引き受けること」などと定めているところもあります。このようなＰＴＡでは、役員や委員の活動を分散して、一人ひとりの負担を減らしていることが多いので、頭から拒否せずに、まず、それぞれの活動に、実際にどのくらいの時間がかかるのかを確かめてみましょう。

場合によっては、役員や委員なども、それほどの無理もなくできるかもしれません。

A8 **ＰＴＡの活動への参加は必須ではありませんが、ＰＴＡに所属しているのであれば、できる範囲でやっておいたほうがいいです。**

Q9 PTAの活動に参加するのって時間の無駄じゃないの？

不用意にこのような質問をすると、PTAの活動を「無駄か無駄でないか」の観点で考えるなんてとんでもない、と怒られてしまいそうです。

たしかに「親の介護を自分ですることは無駄か無駄でないか」とか「子どもを持つことは無駄か無駄でないか」など、経済合理性だけで考えることに適さない設問はいくらでもあります。PTAの活動も、ひょっとするとそのようなものであるのかもしれませんが、ここではあえて愚直に「無駄か無駄でないか」を考えてみましょう。

PTAの活動への参加が、時間の無駄か無駄じゃないかという質問に対して、できるだけ誠実に答えるのであれば、「人それぞれです」となるでしょう。

ある人が、PTAの活動から得られたものが、費やした時間の価値よりも大きければ、その人にとっては「時間の無駄」でなかったことになります。

逆に、PTAの活動から得られるものよりも、それに費やす時間のほうが貴重だと思えば、PTAの活動は「時間の無駄」と感じられるでしょう。

そして、PTAにはPTAでしか得られない経験がある以上、たいていの場合は「無駄でなかった」ことになると思います。

もちろん、現代人にとって時間は非常に貴重なものです。特に、働きつつ家事もしなければならないシングルマザーやシングルファーザー、あるいは介護の必要な親や幼児を複数抱えた方などにとって、ＰＴＡの活動に割く時間がないと感じられるのは仕方のないことかもしれません。

しかし、ＰＴＡの活動に割いた時間が本当に無駄であったかどうかは、実は何年か経ってみなければわかりません。

子どもが生まれてから専業主婦になっていたのに、ＰＴＡの活動からできた縁で再就職して楽しく働いている方もいます。あるいはＰＴＡの活動から社会活動に目覚めて、ＮＰＯで給料をもらいながらいきいきと働いている人もいます。また、ＰＴＡの活動を通して生涯の友人を得た人もいます。

自分の住む地域の知人・友人は、いざというときの保険のようなものです。

近場で働きたいと考えていたり、わずかのあいだ幼児を預かってくれる場所を探していたり、子どもに遊び相手がいなかったり、そのようなちょっとした困りごとがあるときに、地域の知人・友人はおおいに助けになってくれます。

自分はいっさいの近所づきあいがなくても、職場と家族と親しい友人だけで人生をおくっていけると断言できる人は少ないでしょう。生命保険や失業保険があるように、職場も家族も友人も、絶対に壊れない関係とは言い切れないからです。

人が生きていくためには、多くの人との助け合いが必要です。ＰＴＡの活動は一種の保険です。保険をかけておいて使わなければ無駄かもしれませんが、かけずにおけば人生に対してある種のリスクを負うことになるでしょう。

無駄か、無駄でないかと経済合理性を問うような質問には、とりあえずこのような経済合理性で答えることができますが、実際のところ、ＰＴＡの活動を通して得られるものは人との縁ばかりではありません。

私は、意見を異にする人と数多く触れ合うことで得られる、自分自身の「成長」が、「時間」などよりも得がたい宝物になるのではないかと考えています。

Ａ９

無駄になるか、無駄にならないかは、後々になってみないとわかりませんが、ＰＴＡを通して得られる人間関係は、長い目で見た時に決して無駄にはならないと思います。

Q10 PTAって外国にもあるの？

もちろん、あります。

そもそもPTAとはParent-Teacher Association（父母と教師の組織）として19世紀末のアメリカで誕生したものです。当時の劣悪な教育状況のなかで、子どもを持つ母親が教育環境の向上のために集まったのがはじまりと言われています。当初は母親だけの団体でしたが、母親だけでは学校や行政を動かすには力が不足していることに気づき、父親や教師も巻き込んで次第に大きな影響力を獲得してきました。

アメリカでも日本と同様に、9割以上の学校にPTAのような組織が存在します。しかし、PTAと名乗っているのは、最初に発足した全米PTA団体（National PTA Organization）に加入している組織だけで、数としてはそれほど多くありません。未加入の組織はPTO（Parent-Teacher Organization）とかPCC（Parent Communication Council）などと呼ばれますが、やっていることには、それほどの違いはありません。

よく、日本のPTAは大変などと言われますが、実際にはアメリカのPTA（PTO）のほうが、日本よりもやることが多くあります。たとえば体育や図工などの授業に参加して教員の補助をしたり、放課後のクラブ活動のコーチや送迎までしたりすることもあります。

また、アメリカは日本よりもさらに自助努力が求められる国で、公立学校の教育予算も少ないために、ＰＴＡによる寄付やバザーやチャリティーなども盛んに行われています。

なぜ、アメリカのＰＴＡ活動はこのように活性化しているのでしょうか。

第一の理由として、キリスト教文化が広く根づいているために、寄付やボランティア活動が、社会人の務めとして日常的に行われていることがあげられます。

第二の理由として、アメリカのＰＴＡは日本と違って、基本的に全員参加ではなく、やる気のある人だけを募集して活動していることがあげられます。やりたくない人がしぶしぶ参加することがないため、雰囲気が明るく、活動も活発になりますし、その楽しそうな様子を見て、新たに参加する人も増えることになります。

それに対して、日本のＰＴＡは半強制的な加入があるので、全員にやる気があるというわけではありません。義務と思われていることが多いため、しばしば時間に余裕のない人、やる気のない人が参加することになり、活力が失われているのではないでしょうか。

また、アメリカのＰＴＡは、役員や委員にならなくても、イベントごとにボランティアのお手伝いを募集するかたちになっているため、ちょっとした参加が気軽にできます。

日本のＰＴＡは、年度初めに選出された役員や委員の肩に多くの負担がかかってしまうことが多いため、気軽な参加ができにくくなっています。そして、ひとたび役員や委員に選ばれてしまうと、その後の1年間の奉公を覚悟しなければならないため、できるだけ回避する姿勢が強まっているような気がします。

つまり、役員や委員の選出がPTAの活動に参加するかどうかの最大の分かれ目になってしまっているのです。このような、0か1かの選択になっていることが、PTAへの参加をいっそう難しいものにしています。おそらく、0・1とか0・5くらいの参加ならできる方も、やってもいいという方も少なくないのでしょうが、とうてい無理な1を求められるとなれば全力で拒否せざるを得ません。

ちなみに、アメリカのPTOのなかには、会費を徴収しないこともあります。活動資金は、地域社会の企業のなかからスポンサーを見つけて出してもらっているそうです。たしかに、組織の活動が活発であれば、スポンサーを見つけることも、あるいはバザーや寄付金だけで資金をまかなうこともできそうです。

PTAとは、もっと自由な組織であってもいいのかもしれません。

A10

PTAはアメリカで生まれたもので、現在は世界各国にあります。そして外国のPTAの多くは自由参加であるために、日本に比べて活動が活発です。

第二章　組織編

役員や委員になる前に考えておくこと

Q11 ＰＴＡの役員や委員は、一度はやらなければいけないの？

原則として、やらなければいけないということはありません。

実際のところ、重い病気にかかっていて外出できなかったり、フルタイムで働く単親家庭で時間的な余裕がなかったり、物理的にＰＴＡの役員や委員を引き受けることができない人もいます。

一方「やりたくない」人が多くいた場合、「やってもいいよ」という人が何年も続けて役員を務めざるを得ないなど、特定の人に負担が偏ることも問題視されています。

そのため、最近では、すべてのＰＴＡ会員に対して「一度は役員か委員を引き受けてください」というノルマ制や、役員や委員を引き受けるたびにポイントが貯まっていき、一定以上のポイントになるとそれ以降は選出から免除されるポイント制を導入するＰＴＡが増えています。

ノルマ制やポイント制は、ＰＴＡ会員同士の負担を「公平」にするために考えられた制度です。しかし、どちらも「義務」を前提としていることから、問題も生じています。

たとえば、「やってみたい」とか「やってもいいよ」という人が、低学年のうちに役員や委員を引き受けてしまうために、子どもが高学年になればなるほど「どうしてもやりたくない」

とか「どうしてもできない」という人ばかりが残って、役員選出が難航することになります。

また、「やりたくない」人と「できない」人とを明確に区別する方法が存在しないために、場合によっては「どうしてもできない」人が役員や委員に選ばれて、無理をすることになってしまいます。作家の川端裕人さんは、ＰＴＡについての著書のなかで、がんで闘病中だったのに委員長を引き受けさせられて、任期中になくなってしまったお母さんの話を紹介しています。

ノルマ制やポイント制を導入するのであれば、経済的に困窮していて長時間働かねばならない人や、両親と同居していない単親家庭の人や重病にかかっている人などを除くべきでしょう。しかし、経済的・身体的な個人情報を明かしたがらない人も多く、フィルタリングは困難です。

それでもＰＴＡの役員・委員選出にノルマ制やポイント制をとりいれるのであれば、できるだけ役員や委員の数を増やすことで一人ひとりの負担を減らすことと、「どうしてもできない」人を見つけ出して除外する努力が必要になるでしょう。

ＰＴＡの役員や委員は、本来、多少でもやる気のある人が自発的に引き受けてくれることを理想としています。しかし、毎年のように変わるＰＴＡ会員の中に、適当な人が十分にいるとは限りません。子どもの数が少なくなっている地方の学校であればなおさらです。

ノルマ制やポイント制は、ＰＴＡの活動が義務であることを前提とした場合、相対的に見て、よく考えられた制度です。しかし、どちらもＰＴＡ活動を「やらなければならない」義務にしてしまっているので、ＰＴＡに対するイメージを悪化させてもいます。

一方、「やる気がないわけじゃないけど、立候補なんかして目立つのはいやだな」とか、「やってくれと言われたらやってもいいけど、自分から手を上げるほどやりたいわけじゃないな」とか、「やってみたいけど、自信がないからおとなしくしていよう」とか、実は「やる気がある」のに黙っている人もたくさんいます。

ノルマ制やポイント制は、そのような引っ込み思案な人の背中を押して、多くの人にＰＴＡ活動を体験するチャンスを与えているとの見方もあります。

いずれにせよ、役員や委員を引き受けることを他人に強制することはできません。どうしても無理な人は、きちんと理由を述べて断るべきですし、逆に、はっきりと断った人に無理にお願いすることもやめるべきです。

Ａ11

役員や委員は経験してみると意外と面白いものですが、どうしてもやらなくてはいけないというわけではありません。

Q12 PTAの役員や委員を断るときはどうすればいいの？

基本的には、ただ「できません」と断ればよいと思います。

しかし、ときどき「クラスでやってないのはお宅だけなんです」、「あなたみたいにリーダーシップがある方が適任だと思うんです」、「多くの方から推薦されています」などと説得を試みられることがあります。

それだけ熱心に働きかけられるということは、ある意味ではありがたいことですから、感情的になることなく、まずは冷静に話を聞いてみましょう。

そして、相手に気持ちよく納得してもらうために、あなた自身の「できない」理由をまとめてみましょう。多くの場合、ＰＴＡの役員や委員を「できない」と感じる理由は、以下の３つにまとめられるはずです。

①時間がない

フルタイムで働いていたり、寝たきりの親がいたり、障害児を抱えていたり、人にはそれぞれ事情があります。また、家事を手伝ってくれる親が同居している人もいれば、父子家庭・母子家庭で配偶者の手助けさえ得られない人もいます。

②自信がない

過去にいじめられた経験がなどあって「他人とかかわるのが怖い」とか、「人前で話すと緊張して赤面してしまう」とか、「以前にボランティア活動に参加したけれど失敗してトラウマになった」などというのも、理由としてはあるでしょう。

③イメージが悪い

「よく知らないけどＰＴＡってなんとなくいや」とか、「ママ友から聞いたけどＰＴＡの活動は大変らしい」とか、「ＰＴＡをやっていると変わった人に見られるんじゃないか」とか、「みんながやりたくないと言っているから」とか、そういった理由でＰＴＡを嫌っている人も少なくありません。

自分自身の、ＰＴＡを「できない」理由をまとめてみた後に、それを説明して、相手が納得してくれるかどうか考えてみましょう。それなりに説得力のある理由であれば、相手も理解してくれると思います。

しかし、場合によっては、反論されることもあるでしょう。

たとえば「時間がない」と言った場合に「同じ状況で、やっている人がいる」、「他の人はもっと時間がない」などと返されるかもしれません。「自信がない」と言ったときに「私がついているから大丈夫」とか「委員をやると自信がつくよ」などと説得されたらどうでしょうか。

「ＰＴＡのイメージが悪い」と言ったら、逆にＰＴＡの素晴らしさを説明されてしまうかもしれません。

最終的にはあなたが決めることですから、相手の反論を聞いて「もっともだ」と思えば引き受けてもよいでしょう。あるいは、「役員や委員はできないけれども、こういうかたちのお手伝いならできる」と一歩譲れば、お互いに妥協点が見いだせるかもしれません。

また、義務や順番を盾に迫ってくる相手には、ＰＴＡの活動は義務ではないことを冷静に伝えることが重要です。最終的には、「どうしても引き受けろというのであれば退会します」という切り札もあります。

なお、役員や委員を断るにしても、くじびきやじゃんけんで当たってしまう前に、きちんと断るのが礼儀です。後から断ると、やり直しの手間がかかってしまうからです。また、何も説明せずに委員決めの会議を無断欠席するなど〝実力行使〟で逃走すると、周囲に与える印象が非常に悪くなるので避けたほうが賢明です。

Ａ12

相手だって同じ人間です。きちんと理由を説明すれば、たいていはわかってもらえます。ただし、理由を説明せずに連絡を絶つなど相手の心証を害してしまうと、後々、厄介なことにもなりかねません。

Q13 ＰＴＡの委員になると何かいいことがあるの？

実際に、ＰＴＡの委員をやってみて、どのような良いことがあったのか、ＮＰＯ教育支援協会が、ＰＴＡの委員経験者２５７４名に行ったアンケートから見てみましょう。

【問】ＰＴＡの委員を引き受けて良かったことは何でしょうか？

●学校の様子がよく分かった　２２３８名（87％）
●知り合いが増えた　２１８８名（85％）
●自分の成長につながった　９４８名（37％）
●子育ての役にたった　６３４名（25％）
●その他（ＰＴＡのことがよくわかった、地域との接点ができた等）　１２１名（５％）

多くの人が「学校の様子がよく分かった」、「知り合いが増えた」の2点を、良かったこととしてあげています。

ですから、「子どもが通っている学校の様子がわからなくて不安だ」とか、「引っ越してきたばかりで地域に知人・友人があまりいなくて寂しい」という方は、積極的にＰＴＡの委員を引き受けると、たぶんメリットがあるでしょう。

私自身も、ＰＴＡの活動に参加してみて、年齢や性別を越えた地域の知り合いができたことを、何よりも良かったと感じています。

たしかに、それまでも顔見知り程度の知り合いは数多くいました。しかし、道ですれ違ったときに挨拶をする程度の関係では、距離はなかなか縮まりません。人と人とが仲良くなるためには、長時間を一緒に過ごしたり、あるいは同じ目的に向かって一緒に仕事をしたりするなど、何らかの枠組みが必要です。

ＰＴＡの活動は、知人や友人を増やすにはもってこいです。もちろん、相性がありますから、誰とでも同じように親しくなれるわけではありません。しかし、ＰＴＡというボランティア活動に共感して集った仲間同士ですから、お互いに最初から、ある程度の信頼感を持つことができます。少なくとも私は、やらないよりはやったほうがよかったと思っています。

また、活動を通じて学校に通うことで、学校の仕組みがある程度理解できたり、教員と顔見知りになれたりしたことも良かったと感じています。

私たちは無条件に学校を信頼して子どもを預けていますが、いったい学校でどのようなことが行われているのか、学校がどのような仕組みで動いているのかを知ることはあまりできません。授業参観や保護者面談を通じて、ある程度の知識を得ることはできますが、ＰＴＡの活動をしたことで、さらに学校との距離が縮まり、より多くの情報を得ることができたのもたしかです。

そのほか「自分の成長につながった」、「子育ての役にたった」という声も少なくありませんでした。この2つの意見は、役員や委員を経験する回数の多い人から、よく出てくる傾向があります。おそらく、そのように感じたからこそ、何度もＰＴＡの役員や委員を引き受けているのでしょう。

また、子どものためにボランティア活動をすることは、自尊心を高めて、自分に自信を持つことにも役立ちます。

Ａ13

委員になると、地域の知人・友人が増えて、学校の様子もよくわかります。自分の成長にもつながると思います。

Q14 ＰＴＡの役員になると何かいいことがあるの？

ここでいう「役員」とは、会長、副会長、書記などといった組織の運営に携わる本部役員を主に指しますが、各専門委員の委員長などリーダー的な立場も含めていると考えてください。

ときどき、普通の委員ならば引き受けてもいいけれど、役員や委員長はやりたくないという人がいます。責任の軽いお手伝いであればいいけれど、役員や委員長になって責任を負うのは負担に感じるという理由からです。

これに対して、神奈川県の公立小・中学校で4年間ＰＴＡ会長を務めた経験のある川島高之さんは、ＰＴＡ役員をやる「10のメリット」を、ブログで披露しています。その10項目を、私なりに整理すると次の３つになります。

①自分の成長になる

ＰＴＡの活動は、仕事や家庭とはまったく違った世界なので、視野が広がります。また、運営役員になることで、コミュニケーション能力、リーダーシップ能力、企画力、課題発見・解決力など、仕事力がアップします。

②学校との関係が深まり、子育てに役立つ

ＰＴＡの活動を通して、先生方と親交を深められるうえ、学校教育にも参画できるようになります。また、学校に行ける機会が増えるので、自分の子どもの様子を見ることができ、子どもとの距離も縮まります。自分の子どもばかりでなく、他人の子どもも知ることで、子育ての幅が広がります。

③ともかく楽しい

年齢や性別を超えた知人・友人がたくさんできるとともに、会社や家庭以外に「自分が役にたっている」と思える居場所を持つことができます。どちらもあなたの日々の喜びを増やしてくれる人生の財産です。そして、何よりも活動そのものが楽しいのです。

上場会社の社長である川島高之さんは、グロービス経営大学院の川上慎市郎准教授との対談において「ＰＴＡや地域活動をやったほうが、よっぽどビジネススキルが高まる」、「いちばんは、コミュニケーションスキルです」、「ＰＴＡで鍛えられたおかげで、いまは会社の会議が、えらいラクです」などと語っています。

たしかに、ＰＴＡの会議は、年齢も性別も思想も異なる人が集まっているため、全体の合意を得ること、話の方向性を決めることが難しい場です。

民間会社であれば、少なくとも「利益をあげる」という目的がはっきりしていますし、そのためにピラミッド型の組織ができていますから、最後は上司の鶴の一声で物事を決定すること

ができます。

しかし、ＰＴＡにおいては「子どものため」という曖昧な目的しかないために、何が正しくて何をなすべきなのかが、なかなか明確になりません。

たとえば夏休みにプールを開放するべきかどうかにしても「楽しいからぜひすべき」という意見もあれば「危険だから止めたほうがいい」という意見もあり、意思を統一するのが大変です。基本は誰もが平等の組織ですから、会長という肩書を持つ一会員が、強権発動することもできません。

このような難しい組織であるＰＴＡの役員を経験することで、人をまとめる力やコミュニケーション力が鍛えられることは間違いないでしょう。

Ａ14 **組織の運営役を経験することで、コミュニケーション力などが磨かれて、自分が成長できます。**

Q15 PTAの役員や委員になると、何か困ることがあるの？

逆に、PTAの委員をやってみて、どのようなことに困ったのか、NPO教育支援協会が、PTAの委員経験者2574名に行ったアンケートから見てみましょう。

【問】PTAの委員を引き受けて困ったことは何でしょうか？

- 時間のやりくりが大変だった ――― 1796名（70％）
- 人間関係が難しかった ――― 614名（24％）
- 自分の能力がついていかなかった ――― 405名（16％）
- 家族の理解が得られなかった ――― 145名（6％）
- 特に困ったことはなかった ――― 140名（5％）
- その他（自分の子どもにかける時間がなくなった、幼児連れの参加が困難であった、仕事との両立が困難だった、活動に意味が見出せなかった等）――― 241名（9％）

70％の人が「時間のやりくりが困難だった」と回答しています。

ＰＴＡ会員には保護者の双方、つまり父親と母親とが入っていますが、実際にＰＴＡの活動を行うのはほとんどの場合、母親です。ＰＴＡの活動は、家庭教育の一部、つまり主婦（主夫）の仕事と見なされることが多いからでしょう。

かつては専業主婦も多かったので、ＰＴＡの活動の時間も何とかやりくりできたのかもしれません。しかし、現在はワーキング・マザーが増えたために、ＰＴＡのために時間をつくるのが大変だと感じる人が増えているようです。

たしかに、家事は大変です。たとえ専業主婦であっても、家の中の仕事が全部きれいに片づくということはありません。掃除や炊事や子どもの世話にしても、時間をかけて丁寧にやろうと思えば、やることはいくらでもあるからです。

家事は会社の仕事と違って期限や目標がないために、どこまでやれば「ＯＫ」なのかがわからないものでもあります。逆にいえばいくらでも手抜きができるものですが、だからといって、短時間で終わって時間の余るものでもありません。仕事を持っているのであればなおさらです。そのため、ＰＴＡの活動を敬遠する人が増えているのでしょう。

しかし、ＰＴＡの活動は決して時間が余っているためにやるものではありません。自分の成長のためや人間関係をつくるためだと思って、何とか時間をやりくりして参加する人も少なくありません。

あるいは、ただ単に「楽しい」から、時間をやりくりしてＰＴＡに参加している人だって多くいます。人間は、「楽しさ」のための時間であれば、いくらでもやりくりしてつくり出せるものです。どんなに忙しくても趣味に費やす時間はできてしまうのと同じです。いずれにせよ、タイムマネジメントは重要です。

一方、「人間関係が難しかった」、「自分の能力がついていかなかった」などと答える人も少なからずいました。おそらく、人をまとめたり、話を進めたりするうえで、能力不足を感じたり、挫折感を感じたりしたものだと思われます。私自身、ＰＴＡという組織の中で、やりたいことを通すのはたいへん難しいと感じましたし、そのぶん、やりがいがあるとも思いました。

ＰＴＡはボランティア活動であるがゆえに、それぞれの人の思いが強くなりがちです。民間会社であれば、こっちのほうが利益になりますと数値をあげて示せば、たいていのことは説得できるのですが、ＰＴＡではそうはいきません。各メンバーが、それぞれ異なる思想と情熱を持っているからです。

また、「家族の理解が得られなかった」というのは、ＰＴＡに時間をとられることを家族が快く思わなかったという意味でしょう。それと同じくらい「特に困ったことはなかった」という回答があることにも注目したいです。

Ａ15 やはり活動に時間をとられるので、時間のやりくりが難しくなります。また、人間関係を中心に、悩みが増えることもあります。

Q16 PTAの活動には本当に意味があるの？

前項の質問「PTAの委員を引き受けて困ったことは何？」の回答として、ごくわずかですが「活動に意味を見出せなかった」という回答がありました。そこで同じ調査のなかの「PTA組織は必要かどうか」の回答も見てみましょう。

【問】PTA組織は必要だと思いますか？

●必要である――2139名（65％）
●必要ではない――121名（4％）
●分からない――951名（29％）

65％が「必要である」と回答する一方で、29％の人が「分からない」とためらいを見せているところにPTA問題の悩ましさがあるのかもしれません。やはり同じ調査から、PTA会員3285人の考える、PTAの問題点を拾ってみましょう。

【問】現在のＰＴＡ活動の問題点は何だとお考えですか？

●やる気のある人が少ない――――――――――――１１９４名（36％）
●やらなければならないことが多すぎる――――――１０１５名（31％）
●何をする組織か目的がよく分からない――――――７６７名（23％）
●意味のある活動がされているとは思えない―――４２１名（13％）
●特に問題はない――――――――――――――――４３７名（13％）
●その他（無駄が多い、不要な活動がある、例年どおりのものばかり、委員長や役員に負担が集中している、意識の差がある、活動内容が不明確など）―４７２名（14％）

アンケートの結果から見ると「活動に意味があるかどうか」よりも、「やる気のある人が少ない」とか「やらなければならないことが多すぎる」といった組織や運営の問題点を感じている人のほうが多そうです。

そして、組織や運営の問題点が改善されないままであることから「意味のある活動がされているとは思えない」とニヒリズムに陥る人が多くなっているのではないかと推測できます。

ではなぜ「やる気のある人が少ない」のでしょうか。一つの理由として、ＰＴＡ会員が、しばしば役員や委員経験者を含めて、「何をする組織か目的がよくわからない」と感じていることがあげられます。

もちろん、ＰＴＡには「学校と保護者との連絡、情報交換」とか「子どもたちの環境整備」とか「保護者同士の情報交換」といった役割がありますし、それらについては、ある程度の効果をあげています。

しかし、実際にあがっている効果に比べて、「やらなければならないことが多すぎる」ために、「無駄が多い」、「不要な活動がある」、「活動内容が不明確」などと思われてしまうのではないでしょうか。そして、全体として「意味のある活動」になっていないと感じられてしまうのです。

一例をあげれば、ベルマークの集計にかかる手間を時給換算したら最低賃金以下にしかならないので、同じ時間をパートタイム労働して学校に寄付したほうがいいのではないかという意見があります。（もちろん、ベルマークの回収と集計活動そのものに意味があるという考え方もあるので、いちがいには言えません）。

このように、最近はＰＴＡの活動の意義が問い直されることが多くなり、各地のＰＴＡで活動を見直そうとの機運が高まっています。

Ａ16 **ＰＴＡの活動には総体的に見れば意味がありますが、個別の活動の意義や活動の効率性については、疑問を持つ人が増えています。**

Q17 ＰＴＡの役員や委員には報酬や特権があるの？

基本的には、金銭的な報酬や目に見えてわかるような特権は何もありません。逆に、何も特権がないところでボランティアをしているのに、「特権を得ている」、「好きなことをしている」などと見られて、肩身の狭い思いをすることならあるそうです。

ＰＴＡの活動に参加したことのない人の中には、「役員はＰＴＡ会費で飲み食いしている」とか、「役員は運動会のときに並ばずに場所取りをしている」などと邪推する人もいます。それぞれのＰＴＡでやり方は異なりますから、なかにはそのようなＰＴＡも存在するのかもしれません。しかし、多くのＰＴＡ役員は、報酬や特権とは無縁のまま、献身的にボランティア活動をしています。

個人的には、役員や委員長には多少の労働手当を出してあげてもいいのではないかと思いますが、制度的に難しいのか、そのような話は聞いたことがありません。

自動入会で強制的に会費を徴収しているＰＴＡでは、下手なことをして会費が問題になるなど、やぶへびになりたくないとの思いもあるのかもしれません。

そもそも、誰もが魅力的に感じるような報酬や特権があるのならば、役員や委員を積極的にやりたがる人がもっと多くいてもいいはずですが、現実にはそんなことはないようです。

ただし、人によっては特権に感じられるようなことがまったくないとも言えません。

たとえば、会長や副会長になると、校長先生と話す機会がたくさんあります。校長先生と話してもメリットは特にないと感じる人も多いかもしれませんが、学校の教育方針や教育のやり方について自分の意見を述べたいと思うのであれば、願ってもないチャンスになるでしょう。

また、地域によってはＰＴＡ会長という肩書が何らかの箔《はく》づけになることがあります。商店会や町内会などの活動に深くかかわっていて、その地域内において何らかの影響力を持ちたいと考える人や、のちのち市会議員や町会議員に立候補したい人にとっては、ＰＴＡ会長の肩書は手に入れておきたいものになるかもしれません。

そのほか、地域活動に積極的な人と数多く知りあえるというのも、ＰＴＡ役員の特権（メリット）の一つかもしれません。ＰＴＡ活動を通して、子育ての悩みを共有できる仲間ができたり、困った時に頼れる人脈ができたりしたというのは、人によっては特権と感じられることもあるでしょう。

しかし、先生に子どもの成績をあげてもらえたとか、内申書の点数がよくなったなどといった、グレーな噂にはほとんど根拠がありません。もちろん、ＰＴＡ活動を活発に行っていれば、学校の先生には顔を覚えてもらえますし、好意をもってもらえるかもしれませんが、だからといって子どもが贔屓《ひいき》されるとか、目をかけてもらえるとは考えないほうがよいでしょう。

基本的に学校という場所は不正の臭いには敏感なところです。公立学校であればなおさらです。

もちろん、ＰＴＡの役員も教師も人間ですから、好き嫌いや喜怒哀楽はありますが、それをおおっぴらにすることは許されていません。公式にオープンにされるのは建前や正論で守られたメッセージばかりです。ですから、ＰＴＡに、目に見える特権は何もないといっていいでしょう。

ただし、たとえば「ＰＴＡの活動があって運動会の場所取りの列に並ぶことのできない会員のために便宜をはかる」とか「懇親会におけるお茶代やお菓子代をＰＴＡ会費から支出する」くらいのことは、ＰＴＡによってはあるようです。

A17

誰もが魅力に感じるような報酬や特権はありません。ただし、学校の中に入り込み、人脈を築けることが付加価値といえるかもしれません。

Q18 なぜ、教員もPTAの会員になっているの？

本書の冒頭で、私は「PTAとは学校ごとの保護者会のようなものである」と述べました。しかし、ただの保護者会であるならば教員（Teacher）が会員になっている必要はないはずです。なぜPTAはParentとTeacherの組織なのでしょうか。

その理由は、子どもの健やかな成長のためには、保護者と教師とが力を合わせることが欠かせないからです。アメリカのPTAはそのような理念のもとにつくられ、それが日本に輸入されたため、日本のPTAもはじめから教員ありきの組織となりました。

アメリカで誕生したPTAが日本に取り入れられたのは、敗戦後のGHQ占領下でのことです。来日したアメリカ教育使節団が報告書の中で「地方教育行政の責任者は、児童生徒の権利の増進および教育計画の改善のために、PTAを助成する」と述べて、PTAの結成を促しました。

こうして文部省（現・文部科学省）が中心となって、各学校にPTAがつくられることになったのです。しかし、父母の自主的な活動から生まれたアメリカのPTAに比べて、文部省主導でつくられた日本のPTAは、学校組織の一部であるかのように勘違いされる組織になってしまいました。

そのため現在、多くの人の認識では、ＰＴＡとは学校の仕事を手伝う義務的な活動であって、自発的に教育を考える組織ではなくなっています。

ですが、理念から言えば、ＰＴＡは、学校とは別個の独立組織です。子どもたちの教育や環境について学校側へ改善を要求することもできますし、課外活動についての提案や自主的な実施もできます。現状、学校に通っている全児童の保護者がＰＴＡ会員になっているのですから、ＰＴＡからの正式な提案であれば学校側も無視することはできません。

いじめや非行や教員の不祥事などの問題があったときも、保護者が単独で学校と話し合うより、まず、教員も会員になっているＰＴＡで話し合ってから、ＰＴＡを通じて学校に要望を伝えた方が、学校の対応も早くなるでしょう。ＰＴＡは人数としての力だけでなく、さまざまなかたちで学校への援助も行っているからです。

ただし、残念ながら、現状、多くのＰＴＡは学校のお手伝いをするだけの組織になっています。その理由の一つを、校長先生などが教員代表としてＰＴＡの委員になっていることにあると考える人もいます。実際に、ＰＴＡを学校の下請け団体のように考えている校長もいるようです。またＰＴＡの側も、自分たちが主体的に子どもの教育にかかわっていくとの自信もないために、学校のお手伝い的な役割に甘んじているのではないでしょうか。

学校が主で、ＰＴＡが従であることは、双方にとって都合がよいのです。

前述の杉並区立和田中学校は、現在のＰＴＡは不健全であるとして解体し、教員の入らない純粋な「保護者の会」に組織替えを行いました。

実際、多くのＰＴＡでは教員は、義務的に会員になっていますが、活動に参加することは、ほとんどありません。本業である学校の仕事が忙しいからです。それなのに会費を強制的に徴収されるという意味では、むしろ旧態依然としたＰＴＡの被害者といえるかもしれません。

ＰＴＡに、教員が会員として含まれていることは、対等な立場での話し合いを可能にするという理想を前提にしたものです。しかし、学校と保護者との利害が相反した場合には、ＰＴＡが骨抜きにされる危険性も秘めています。

A18

保護者と教員が協力して子どもを育てるという理念があるからです。しかし、現状では教員会員の活動はほとんど見られず、形骸化しているようにも見えます。

Q19 ＰＴＡのＴである教員は ＰＴＡの活動に参加しているの？

ＰＴＡによって違うのですが、一般的に言えば学校の先生はＰＴＡの活動に対して、保護者と同じレベルでかかわることはあまりないようです。

といっても、もちろん校長や副校長や教務主任といった「管理職」レベルの方は、役員会や運営委員会に出席しますし、ＰＴＡ会長とも緊密に連携をとっています。なぜなら、校長にとってＰＴＡとは、「管理」すべき学校の一部でもあるからです。

しかし、一般の教員は、役員や委員に就任をお願いされることはありませんし、役員会や運営委員会に顔を出すこともありません。それらは、第一にＰ（親）の仕事であると見なされていますし、第二に、教員は学校でやるべきことが多すぎて、ＰＴＡの活動まで手が回らないからです。

実際、多くの保護者は、先生が平日にＰＴＡの活動に参加することよりも、子どもたちをしっかりと見ていてくれることを望むでしょう。

だからといって、教員がＰＴＡにまったく参加していないというわけではありません。まず、ほとんどのＰＴＡでは教員からも会費を徴収しています。その多くは給料からの天引きというかたちになっていて、保護者と同じく自動入会のかたちがとられています。

もちろん、原則は任意入会ですから、嫌なときは退会することもできますが、実際に退会する人は、Ｐ（保護者）においてもＴ（教員）においても、ほとんどいません。教員も学校という組織の一員である以上、組織に波風をたてたくないからです。

また、休日にＰＴＡのイベントがあれば、独身の熱心な先生などが、積極的に参加して盛り上げてくれるところもあります。平日に子どもたちを熱心に指導してくれているのだから、休日くらいは休みたいでしょうに、先生というものは本当に教育熱心です。と思っていたら、実は校長がＰＴＡに気を遣って、若い先生に動員をかけているという話もあります。

実のところ、一般の教員にとっては、一般の会員と同じくらい、ＰＴＡは遠くにある存在です。自分がその一員であるという意識は薄く、ＰＴＡは保護者の団体であり、場合によっては学校に圧力をかけてくる団体ではないかと感じている人もいます。

子どものいる先生方は、自分の子どもの通う学校のＰＴＡに保護者として参加することもありますから、保護者としてのＰＴＡに対するネガティブなイメージもしっかりと共有していることもあります。

ＰＴＡの活動に参加すると、同じ地域に住む知り合いが増える、学校の様子がわかる、普段と違うことをするので自分の成長につながる、などのメリットを前に挙げましたが、学校の先生にとっては同じようなメリットはありません。自分の勤務する学校のＰＴＡ活動に参加しても、保護者と親しくなれるというほかは、仕事がさらに増えるという感覚になってしまうのではないでしょうか。

以上のことを考えると、ＰＴＡにおけるＰ（保護者）とＴ（教員）は、決して対等な立場ではないと言えるでしょう。Ｐは家庭で、Ｔは学校での子育てを担当しているのですが、ＰＴＡという組織自体が学校に付属しているかのような現状をかんがみれば、Ｔがあえて職場のＰＴＡ活動に参加する意味は、あまりないのかもしれません。

ＰＴＡにおいてＰとＴとの協力がなされるためには、まずお互いの仕事や立場を理解することが必要です。そのためにも、積極的に保護者がＰＴＡに参加して、学校との距離を縮めてみるとよいかもしれません。

A19

教員は本業の仕事が、
その学校の「子どもの健やかな成長を助ける」ことなので、
ＰＴＡの活動に参加していないように見えても、
実は勤務時間中ずっとＰＴＡをしているようなものなのです。

Q20 PTAの会費は何に使われているの？

日本では、子どもが小学校に入学すると、ほぼ自動的に両親がPTA会員にさせられます。あまりにも自然に入会させられるので、会員になったことにすら気づかない人もいるようです。また、PTA会員になるとPTA会費を支払うことになります。年会費は、それぞれのPTAによって異なりますが、多いところで7200円、少ないところでは600円と大きな差があります。月々の負担は50～600円くらいなのであまり気にしていない人も多いようですが、子どもたちのために使われているかどうかきちんとチェックしたいところです。

PTA会費の使途は、これまた、それぞれのPTAによって異なります。ためしに私の所属するPTAの会計報告書を見てみたところ、最も多い支出は、教育活動費として学校の事業や研究活動に渡される補助金でした。

次に多かった支出は、運動会と遠足の補助金でした。これは子どもたちに渡される参加賞の購入などに使われます。そのほか、入学祝や卒業祝などもPTA会費から出されていることがわかりました。

そのほか、学校への支出として目立つのは、学校の備品や備品補修のための支出、教員会員のための慶弔費、周年記念事業のための積立金などになります。

このように、ＰＴＡによって濃淡の差はありますが、多くのＰＴＡが会費から学校への寄付（費用協力）を行っています。もちろん金銭的な支出のほかに、数多くのＰＴＡ会員によるボランティアも忘れてはなりません。

もし、ＰＴＡ会員の助力やＰＴＡからの金銭的援助があてにできなくなれば、学校は運動会や文化祭などのイベントの規模や内容を、何らかのかたちで縮小せざるを得なくなります。そうなれば、デメリットをこうむるのは子どもたちです。

好むと好まざるとにかかわらず、すでにＰＴＡは学校にとって欠くべからざる組織になっていると私は考えています。また、ＰＴＡがあることで子どもたちの学校における生活が豊かになっていることもたしかです。

たとえば、戦後すぐの時代には、ＰＴＡによる運動のおかげで学校給食が整備されましたし、学校の備品や学校図書館（図書室）の多くも、ＰＴＡの寄付金によって整備されました。教員の給与を補助していたＰＴＡも数多くあったと聞いています。

ＰＴＡが子どもたちのためにしてきた実績はもっと誇ってもよいことですし、それだけのお金を出しているのだから、もっと学校教育に意見してもいいのではないでしょうか。

大塚玲子さんのまとめた『ＰＴＡをけっこうラクにたのしくする本』には公立小学校の校長の「学校の本音ですか？　そりゃ、『ＰＴＡはお金だけ出して、あとは黙っててほしい』ですよ、はっきり言えばね！（笑）」という声が紹介されています。

この言葉には、「教員は教育のプロフェッショナルであるから任せてほしい」という教員の自負心が込められていると思います。実際、自分の子どもにばかり目が向きがちの保護者よりも、教員のほうが大局的な視点を持っていることは多いものです。

だからといって、PTAが学校の集金機関に堕していいとは私は思いません。民間企業などで働く保護者が、学校の中しか知らない教員には不足している新たな視点を、学校に持ち込むことだってあるはずです。

PTA会費は、あくまでも子どもたちのために、学校とPTAが真に協力的な関係を築くために、使われてほしいと願うのは私ばかりではないはずです。

さらに、PTA会費にはもう一つの問題があります。本来、会費とは会員単位で集められるべきものです。

しかし、多くのPTAは、自動的に保護者を入会させる仕組みになっているために、誰が会員であるかが明確になっていません。

たとえば、会員単位の徴収であれば、厳密には両親がいる家庭は2人分、単親家庭は1人分、両親ともにいなくて祖父母が保護者の場合は2人分などとなるはずですが、そんな面倒なやり方をしているPTAはないでしょう。

そのため、多くのPTAでは、子ども単位で徴収したり、あるいは世帯単位で徴収したりしています。このような方式のため、PTAが誰のための団体であるのかが、余計に曖昧になってしまっています。

さらに、利便性を追求した結果、PTA会費を給食費と抱き合わせで引き落としている学校も少なくありません。

PTAという組織の意義を振り返るのであれば、会費の徴収方法についても見直す必要があるのかもしれません。

A20

PTA会費はおおむね、学校を通して子どもたちのために使われています。その他、PTAの運営にも費用がかかります。

第三章　運営編

ＰＴＡで何をするかを知ろう

Q21

ＰＴＡの役員や委員ってどういう位置づけなの？

ＰＴＡの役員や委員は、それぞれの学校ごとのＰＴＡによって名前も役割も少しずつ異なります。そのため、一般的な話をするのは難しいのですが、ここでは神奈川県教育委員会が発行する「ＰＴＡ活動のためのハンドブック」に基づいて説明を試みます。

次の図は、代表的な単位ＰＴＡの組織例です。左端に「総会」、右端に「会員」と書かれていて、それぞれが線で結ばれているのは「会員」＝「総会」を示しています。すべてのＰＴＡ「会員」が出席できる「総会」が、ＰＴＡの「議決機関」であり、組織の意思決定の最高位に当たるからです。

通常の組織であれば、意思決定の最高位にあたるものは、組織図のいちばん上に書かれてツリー上になるのですが、ＰＴＡではあえて横向きに書くことが多いようです。これは、すべてのＰＴＡ会員が最高権力者であり、その意思決定は会員の合意によって行われるという民主主義の理想を表すためです。「総会」は、日本政府でいえば「議会」にあたります。

しかし、いくら「総会」が意思決定の最高機関であっても、現実問題としてＰＴＡ会員が全員で日々の運営をするわけにもいきません。そこで通常の運営は、本部役員会と運営委員会で

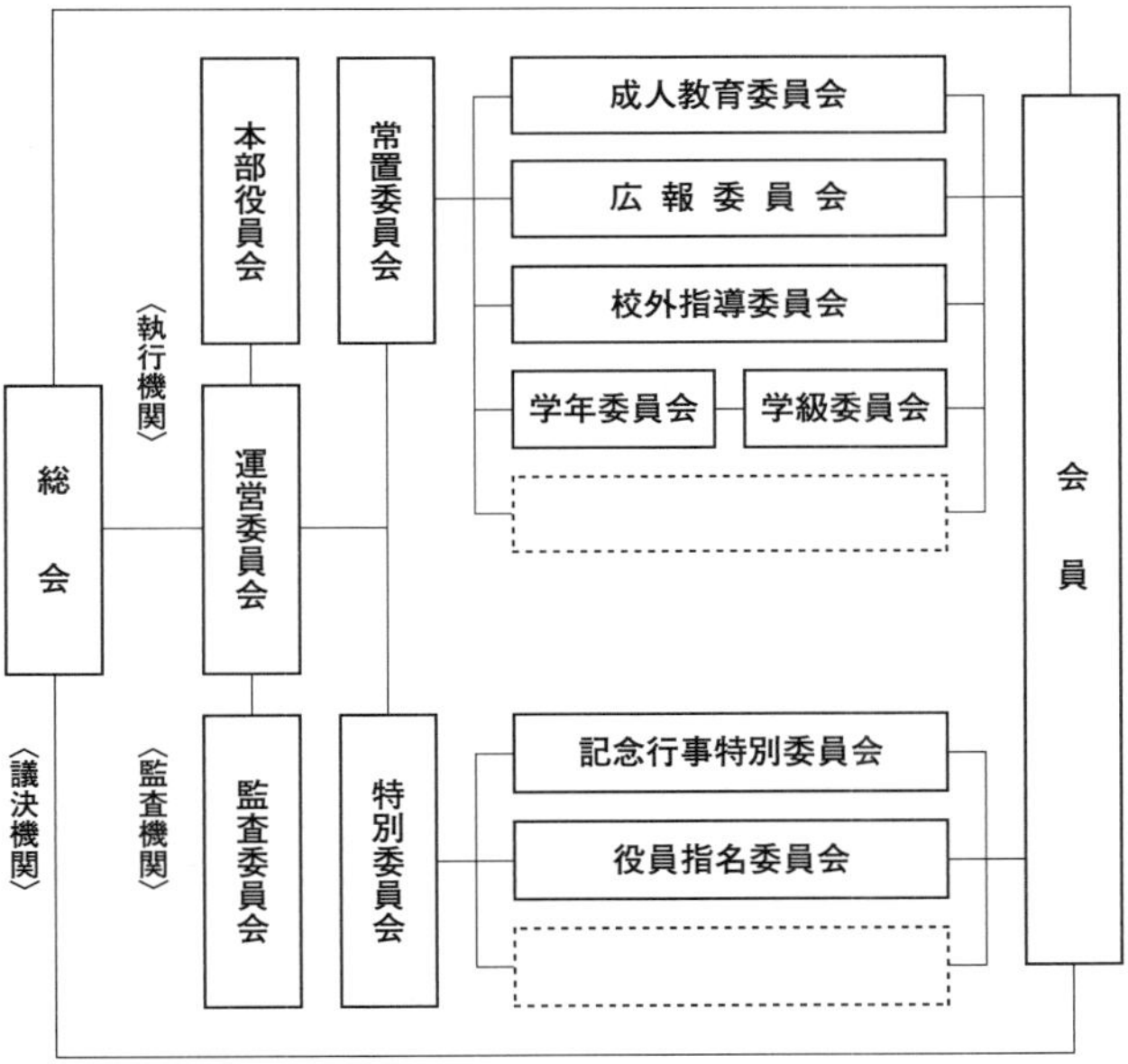

出典

「ＰＴＡ活動のためのハンドブック」
神奈川県教育委員会

行うことになっています。

「本部役員会」とは、会長と副会長と書記と会計とで構成され、組織全般にかかわる計画の立案と、学校や他団体との連絡調整を担当する部署です。あえて言うのであれば、事務局という言葉が最も適切かもしれません。「本部役員会」は事務局なので、基本的には意思決定は行いません。

ＰＴＡ内部の実際の運営は、役員と各委員会の代表者と校長などの学校代表者によって構成される「運営委員会」（実行委員会）が担当します。「運営委員会」はＰＴＡの「執行機関」であり、日本政府でいえば「内閣」にあたります。

また、ＰＴＡの会計を監査するための「監査委員会」が設置されることもあります。これは、あえて三権分立になぞらえていえば「裁判所」にあたります。

ＰＴＡの日々の運営における意思決定は「運営委員会」によって行うことになっていますが、実際には「運営委員会」が形骸化していて「本部役員会」でほとんどを決めているＰＴＡが多いようです。

その理由は「運営委員会」を構成する各委員会の委員長が、各クラスから（しぶしぶ）選出されているのに対し、「本部役員会」を構成する役員は、一応、推薦によって適当な人選がなされているからです。

そのため、本来は事務局にすぎない「本部役員会」が、しばしば「運営委員会」よりも大きな力を持ってしまい、「運営委員会」は単に「本部役員会」で決められたことを伝達するだけの下請け機関になってしまっていることもよくあります。

さらに言えば「本部役員会」どころか、ＰＴＡ「会長」（副会長）と校長との話し合いだけでほとんどすべてが決められてしまうＰＴＡもあるそうです。政治で言えば、内閣をないがしろにして首相が独断ですべてを決めるようなものです。

その結果、「運営委員会」の委員長らが白けている例もよく見られます。形骸化した「運営委員会」は不要だとして廃止してしまうＰＴＡもあるそうです。

話を戻しましょう。

ＰＴＡの「運営委員会」は、主に各委員会の代表者（委員長）によって構成されます。各委員会は、右の図では常置委員会と特別委員会とに分かれています。通常の活動をするための委員会が常置委員会で、特定の目的に沿って設置されるものが特別委員会です。

特別委員会には、たとえば次年度の役員を選出するための「役員指名委員会（役員選考委員会、推薦委員会、選挙管理委員会などとも呼ばれる）」、学校の周年記念事業を行うための「記念行事特別委員会」などがあります。

一方、常置委員会には、ＰＴＡ会員の生涯学習を行うための「成人教育委員会（文化厚生委員会、教養委員会などとも呼ばれる）」、ＰＴＡ広報誌を作成するための「広報委員会」、自治会など地域コミュニティと連携し、通学路のパトロールなどを行う「校外指導委員会（地域安全委員会、地区委員会などとも呼ばれる)」、そして学校のクラス単位で保護者をとりまとめる「学級委員会」、「学年委員会」があります。

そのほか、スポーツ大会を行う「体育保健委員会」、ベルマークの収集を行う「ベルマーク委員会」などが置かれることもあります。

以上は、あくまでも単位PTAの一つの例です。実際はPTAごとに、委員会の名称も数もけっこう異なりますので、ご自分の所属するPTAについては各自で確認してください。

A21

役員はPTA全体の取りまとめ、委員は各活動のとりまとめを行っています。役員と各委員会の代表と学校の代表とで構成される運営委員会が本来の執行機関ですが、役員会がその代わりを果たしているPTAが多いようです。

Q22 学級委員会、学年委員会って何をするものなの？

新年度がはじまって、新しいクラスで保護者会が開かれて、まっさきに決めなければならないのが学級委員（クラス委員）です。

学級委員とは、そのクラスの子どもたちの保護者の取りまとめ役です。

たとえば、あなたが小学生や中学生のときにも、クラスで学級委員を選んでいなかったでしょうか。その学級委員の仕事は、学級会議のときに議長役を務めて、全員の意見をまとめることだったと思います。

ＰＴＡの学級委員も、だいたい同じような役割を果たします。といっても、保護者のとりまとめ役ですから、学生のときとは勝手が違います。

どのように違うのかといえば、小学生や中学生の場合、毎日のように同じクラスで長時間いっしょに授業を受けるため、おのずとクラスにまとまりもできますし、仲間意識も芽生えます。しかし、保護者の場合はそうではありません。ＰＴＡの学級委員を1年間務めても、クラスの保護者全員とは会えなかったという人も少なくありません。

子どものクラスの保護者同士で交流する必要なんかないと考えている人もいれば、仕事が忙しくて学校にまったく姿を見せない人もいます。

ですから、学級委員を選出しようと思っても、まず、全員を一つの場所に集めるだけでも大変です。そのため、たいていは新年度の最初に先生の挨拶を伴う保護者会（懇談会）が開かれて、その場で学級委員を選出することになります。

このとき、ＰＴＡの学級委員に選ばれるのが嫌なために、先生の挨拶だけを聞いて、いつのまにか帰ってしまう人もいるそうです。あるいは、そもそも忙しくて保護者会に来られない人もいます。

いずれにせよ、とにかく1年の最初にクラスの学級委員が選ばれます。

学級委員の仕事は、第一に、クラスの保護者とＰＴＡとの連絡係を務めることです。ＰＴＡから各保護者への連絡は、基本的に子どもたちに配られるプリントを通して行われますが、保護者からＰＴＡへの連絡は学級委員を通すことが多いです。

理念からいえば、学級委員は、保護者から学校やＰＴＡに対する意見や提言をくみ上げて、それを学校教育やＰＴＡ活動に反映させることが望まれています。そのため、やる気があればクラスの保護者に対してアンケート調査なども行うことができますが、現実には、そこまで熱心な学級委員はあまりいません。

学級委員のもう一つの仕事は、保護者同士の親交を深めるために懇親会を開くことです。保護者同士の交流が活発になれば、子育ての情報や悩みを分かち合うことができて、孤立して落ちこぼれる子どもを少なくすることができると考えられているからです。

この懇親会には、保護者同士の食事会や飲み会と、親子で参加できるようなスポーツやレクリエーションの会などがあります。しかし、保護者同士の交流を特に希望しない人が多くなっているため、懇親会も開かれない傾向が強まっています。開かれたとしても、子どもも含めたレクリエーションの会が多いようです。

そのほか、やろうと思えば、学級ＰＴＡ新聞の発行や、学級文集の作成、学級文庫の整備、子育て学習会の開催などもできます。

学級単位で行われるＰＴＡ活動はすべて、基本的には学級委員が中心になって企画、運営を行います。しかし、最近はＰＴＡの企画に参加する保護者も減っているため、すべての学級をまとめて学年単位で活動が行われることが多くなっています。

学年単位でのＰＴＡ活動は、学年委員が中心になって行います。学年委員とは、その学年の学級委員の中から選ばれる、学年のリーダーです。学年委員のほうが学級委員よりも責任が重いため、選出が難航することが多いそうです。

A22

学級委員は学級の保護者のまとめ役、
学年委員は学年の保護者のまとめ役になります。
一般会員にとっては、最も身近なＰＴＡの役職といえるでしょう。

Q23 成人教育（文化厚生）委員会って何をするものなの？

「成人教育」とは、ものものしい名前ですが、今風に言うならば「生涯教育」となるでしょう。PTAはもちろん子どもたちの健全な成長のための組織ですが、そればかりでなく、大人たちの教育や成長も目的として持っています。

なぜなら、保護者を適切に教育することで、その保護者に育てられる子どもたちがより幸福になると考えられているからです。

大人に対して「教育が必要」などと聞くと、何やら馬鹿にされているかのように感じる保護者の方も多いかもしれませんが、実際のところ私たちは30代や40代になっても、いくらでも知らないことがありますし、学ぶべきこともあります。

たとえば、反抗期の子どもにどのように接するべきか、性教育をどうすればよいのか、成長期の子どもの食事はどうあるべきかといった親業に関することはもちろん、大地震に見舞われたときにどうサバイバルするのか、中年期の健康を維持するにはどのような食事と運動が必要か、老親の介護が必要になったら何をすべきかなど、専門家から教わりたいと思うことはいくらでもあります。

そこで、成人教育委員会は、大人であるＰＴＡ会員が興味を持ちそうなテーマを選んで、講師を選定して講演会や講習会を開催しています。

たとえば「子どもの褒め方と叱り方」とか「父親の子育て」など、親としての成長を促進するテーマを選べば、その結果として、子どもの家庭環境が良好になることが考えられます。

あるいは「地球環境とリサイクル」とか「地域コミュニティの作り方」などのテーマを選べば、ＰＴＡ会員が市民として成熟し、地域社会や日本社会が過ごしやすく安全なものになることが期待できます。

そのほか、料理教室、読書会、スポーツサークルなどをつくることで、ＰＴＡ会員同士の人間関係を深め、人生を豊かにすることもできるでしょう。活発なＰＴＡでは、ママさんバレー、手芸教室、などバラエティー豊かな活動が繰り広げられています。

成人教育委員会は、ともすれば子どものために自分自身の楽しさを犠牲にしてしまいがちなＰＴＡ活動のなかで、子どもを抜きにして大人が楽しめることに主眼を置く、例外的な委員会です。そのため、自主的にＰＴＡ活動に参加するようなモチベーションの高い人にとっては、最も面白い活動ともいえます。

しかし、一方で、一般のＰＴＡ会員からの評判はそれほど高くありません。なぜならば、ＰＴＡの用意する成人教育やレクリエーションが、多くの人にとって「余計なお世話」に見えてしまうからです。たしかに、１９５０年代や60年代の、まだ日本が貧しく、教育を満足に受けられなかった親も多く、娯楽もろくになかった時代であれば、ＰＴＡが開催する講演会や講習会、あるいはスポーツ大会などを楽しみにする保護者は少なくなかったことでしょう。

しかし、モノがあふれる豊かな大量消費社会になり、個人の趣味も多様化した現在の日本では、素人のＰＴＡ会員が企画する講演会や講習会などよりも、もっと面白くて興味をひく企画やイベントが、お金さえ出せば他にいくらでも見つかります。ＰＴＡの手作りイベントは、仲間同士でつくりあげるという楽しみはありますが、地域に知り合いがほとんどいない多くの保護者にとっては、単に、商業イベントに比べて見劣りのするものでしかないのです。

では、ＰＴＡのイベントに意味がないのかといえば、そんなこともありません。手軽で低額で、しかも近所で開催されて、ためになる企画には一定数の需要があります。

また、知人ががんばって開催しているイベントに参加することは、商業イベントに参加することとは違った楽しみもあります。ＰＴＡや地域社会というものは、実は参加すればするほど知り合いが増えて楽しくなるものなのですが、一度も参加したことのない人にはなかなかその魅力が伝わりません。なお、最近は本業の仕事のスキルを活かして、集客力のある企画を考えてくれるＰＴＡ会員も増えてきているそうです。

A23

ＰＴＡ会員のために生涯学習やレクリエーションの機会を提供しています。企画をたてることが好きな人には向いている役職です。

Q24 広報委員会って何をするものなの？

広報委員会は、ＰＴＡ会員や学校、地域コミュニティへ情報を発信して、ＰＴＡ活動を活性化させる役割を担うものです。

具体的には「ＰＴＡ広報誌」の作成と発行が仕事になります。現代社会でいうなら新聞やテレビなどのマスコミであり、企業でいうなら広報・宣伝部にあたります。

古今東西、一定数以上の規模の組織を動かすのに最も重要なのは「情報」です。情報をどのように加工して伝えていくかで人の動きが変わります。人が動けば組織も変わっていきますから、ＰＴＡにとって「広報」は重要な役割を持っています。

広報委員会は、クリエイティブな仕事をしたい人にとっては非常にやりがいのある役職であり、実際に多くのＰＴＡ会員が活躍しています。

日本ＰＴＡ全国協議会は、毎年「全国小・中学校ＰＴＡ広報誌コンクール」を行い、入賞作品を発表していますが、書籍にまとめられた受賞広報誌を見ると、ボランティアでつくられているとは信じられないほど、レベルの高い作品が並んでいます。

しかし、一般のＰＴＡ会員向けにアンケートを取ると、ＰＴＡに不要なものとして〝事業仕分け〟の対象にあげられがちなのもまた「ＰＴＡ広報誌」です。ＰＴＡの広報には、情報を発信する側と、受信する読者との間の、意識の差が大きいという問題が存在しているようです。

ＰＴＡ広報の人気がそれほど高くないのは、ＰＴＡの一般会員（いわゆる保護者）が、それほどＰＴＡの活動に興味を持っていないことが一つの原因です。読者が興味を持ってないのだから、どんなによいものをつくっても、あまり熱心に読んでもらえないのも仕方ありません。

では、ＰＴＡ活動に興味のない会員に興味を持ってもらうにはどうすればよいのでしょうか。ＰＴＡ広報の内容には、ＰＴＡが実際に行っている活動の紹介のほかに、学校の問題、学校でのできごとの紹介なども含まれています。ですから、保護者の関心をとらえるような企画をたてることで、魅力的なＰＴＡ広報をつくることはいくらでも可能であると、私は考えています。

しかし、義務化したＰＴＡ活動においては、あまり熱意もなく、毎年のように代わり映えのしない広報誌が発行されることも多いようです。熱意も、届けたい相手の存在も感じられない広報誌では、読まれないのも仕方ないと言えるかもしれません。

また、広報委員会の発行する正式な広報誌のほかに、役員会が「ＰＴＡだより」などを発行していることもあり、役割や内容がかぶってしまっているＰＴＡもあります。そのため、余計に広報誌の意義が感じられなくなっているのです。

広報誌の意義を問う声の中には、このインターネット時代に、わざわざ紙媒体で古くて薄い情報を配布する必要があるのかという意見もあります（もっともそのような意見に対しては必ず「インターネットが見られない家庭もある」との反論が返されます）。

さて、あなたのPTAはどのような広報誌をつくっているでしょうか。

たとえば、運動会などのありふれた学校行事について記事をつくっても、学校が発行する広報にも掲載されるし、内容もどうしてもありきたりになってしまうので、あまり熱心に読んでもらえません。「保護者目線で見る運動会」など、異なる切り口を用意することもできますが、限界があるでしょう。

そこで、学校広報には掲載されないようなテーマを考えてみると新鮮さが出るかもしれません。たとえば、新年度が始まるときに、各クラスの担任の先生の人となりがわかるような人物紹介を載せるのは、多くのPTAで定番の人気企画となっています。

実は、海外旅行が趣味で20か国に行ったことがあるとか、ボーリングが好きでマイボールを持っているとか、普段の会話に出てこないような先生の素顔を広報すると、教員と保護者との距離も近くなって広報誌の役割を果たすことができます。

一方、広報誌は学校で配布する関係上、校長や副校長のチェックを受ける仕組みになっているPTAが多いようです。そのため、「通知表のつけ方」や「好きな給食・嫌いな給食」など、学校にとって好ましくないテーマの企画は「掲載しないでほしい」と婉曲に圧力がかかることもあります。

読者の興味を引くように柔らかいテーマを探しつつも、興味本位で教育的配慮に欠けることもないような、微妙なバランス感覚が広報委員には求められています。

A24

PTAの活動を理解してもらうための広報誌などを作成しています。面白い企画を考えたいクリエイティブな人に向いている役職です。

Q25 校外指導委員会って何をするものなの？

　子どもたちは、家庭において親（Parent）の保護を受け、学校において教師（Teacher）から指導を受けますが、それがすべてではありません。放課後ともなれば、公園で遊び、近所のお店で買い物をし、ときにはお祭りなどの地域行事にも参加します。ですから、子どもの健やかな成長を考えるうえで、地域社会とのかかわりを外すことはできません。

　校外指導委員会は、町内会や子ども会などの地域コミュニティと連携をとり、子どもの安全を守り、よりよい地域環境をつくるための活動を行います。

　具体的には、子どもを事故や犯罪から守るためのパトロールや、通学路の整備、安全マップの作成、自転車の乗り方の指導などを行います。また、子ども会と連携して、サマーキャンプや映画鑑賞会などを開催したり、盆踊りや餅つきなどの地域行事をお手伝いしたりもします。

　校外指導委員会の仕事は、ＰＴＡの内部だけで完結するものではないだけに、幅の広いコミュニケーションと、視野の広い計画とが必要になります。一方で、町内会や子ども会をはじめとする膨大な数の地域住民の力を借りることができるため、うまくいけば活動を広く、成果も大きくすることができます。

たとえば、あるＰＴＡでは、登下校時の横断歩道の旗振りの立ち番を、校外指導委員会の委員とそのお手伝いのＰＴＡ会員とで交代で行っていました。しかし、時間が短いとはいえ毎日の仕事ですから大変です。

そこで、町内会と相談したところ、老人会の方に、散歩がてら、児童の安全を見張る旗振り役を代わっていただけることになりました。これによって保護者の負担は軽くなりましたし、子どもの好きなご老人たちにも喜ばれることになったそうです。

学校と地域社会とのかかわりの事例として、よく引き合いに出されるのは千葉県習志野市の秋津地区です。１９８０年に東京湾の埋め立て地に誕生した秋津小学校を中心にした秋津地区は、新興住宅地として、古くからのしがらみを持たない人々を多く集めました。

秋津地区は、小学校と住宅地がほぼ同時にできたために、まちづくり（町内会）と学校づくり（ＰＴＡ）とが、同じ人々によって同じように進行するという幸福な歴史を持っています。

たとえば、１９８１年から始まっている秋津まつりは、外部の「露店」をいれず、町内会やサークルだけで出店をつくりますし、前夜祭は秋津小学校の校庭で行われています。

また、秋津小学校の空いている教室はコミュニティルームとして、秋津コミュニティ（秋津地域生涯学習連絡協議会）に貸し出され、30近い地域のサークルが活発に利用しているそうです。

当然、地域の大人たちと学校の子どもたちとの交流も盛んで、運動会が合同で行われるほか、地域の大人たちが小学校内に飼育小屋やビオトープや畑をつくったり、小学校のイベントに参加したりしているそうです。

秋津コミュニティの取り組みについては、秋津小学校の元ＰＴＡ会長である岸裕司さんの著書に詳しく書かれています。それを読むと、保護者によるＰＴＡが、学校の一部ではなく、実は町内会や自治会などの地域コミュニティの一つであることがよくわかります。

また、ＰＴＡとしての取り組みではありませんが、江戸川区は、放課後に学校の一室を借りて低学年の子どもを預かる学童保育を、「すくすくスクール」として大胆な改革を行い、地域住民をボランティアの講師として招き入れました。英語やお茶、お花、囲碁、将棋、工作など、さまざまな住民の方がそれぞれのスキルを活かして、子どもたちの「教育」に取り組んでくれているそうです。

そして、各小学校にはすくすくスクールのスクールマネージャーがいて、数十人に及ぶ地域住民の「放課後の先生」の管理を行っています。

昨今、教育業界では、子どもたちの人間関係がやせ細っていることがよく指摘されています。近所の子ども同士で、年齢を超えて遊ぶことが少なくなり、親や先生以外の大人とのかかわりが少なくなったことで、子どもたちのコミュニケーション能力が衰えているというのです。

一方、地域社会の方も、若い人が町内会や自治会に加入しなくなるなど、コミュニティの維持に難しさを抱えています。それらの問題を解決するために、地域の核として期待されているのが「学校」です。何らかの災害が起きたときの避難所となるのは学校ですし、救援物資の配布場所となるのも学校です。「学校」は地域住民が何らかの接点を持って力を合わせる場として注目されるようになってきました。

そのため、ＰＴＡという名称を、教員も地域住民もすべて含めたＰＴＣＡ（Parent Teacher Community Association）と変更するところも増えてきました。地域と保護者と学校との連絡を中継するＰＴＡ、そして校外指導委員会の役割は、今後ますます重要なものとなっていくことでしょう。

A 25

町内会や自治会などと連携して、子どもたちのために地域の環境づくりを行います。

地域コミュニティと学校との連携は、昨今の教育業界の流行のトピックですから、校外指導委員会の役割は今後ますます大きくなるでしょう。

Q26 役員指名（推薦、選考）委員会は何をするものなの？

役員指名委員会は、その名のとおり、次年度の役員を選ぶための委員会です。子どもたちのための直接の活動ではない、役員選出のために委員会が存在するというのはややおおげさな感じがしますが、次年度の役員が決まらなければＰＴＡという組織そのものが崩壊しかねませんから、人手を割くのに十分な大切さを持つ委員会です。

ちなみに、ここでいう役員とは、会長や副会長などのいわゆる本部役員をさします。それぞれの専門委員会の委員は、年度初めに選ぶことが多いため、前年度にあらかじめ決めておくことは少ないようです。

役員指名委員会の存在は、ＰＴＡという組織の難しさを端的に表しているといえます。ＰＴＡは日本に民主主義を根づかせるためにつくられた組織とも言われていますから、本来であれば、運営を担当する役員は立候補と選挙によって選出したほうがよいのです。

しかし、役員の仕事はボランティアで、報酬もないうえ、毎週1～2回はＰＴＡ関連の用事で出かけねばならないと言われるほど拘束時間も長いため、自ら立候補してくれる人はほぼいません。そのため、次善の策として、前年度のＰＴＡの役員や委員が、適任者と思われる方を選び出して、就任をお願いするという形式になっているところがほとんどです。

とはいえ、前年度の役員や委員のコネだけで適任者を見つけるのは困難ですから、年度末が近くなると、ＰＴＡの全会員に向けて「推薦したい人」を公募するのがならわしになっています。このとき推薦されるのは、「リーダーシップ」があると周囲から見なされている人や、あるいはすでに町内会や商店会、少年野球団やボーイスカウトなどで何らかの役職についている人が多いようです。

なぜならば、ＰＴＡの役員というものは、たとえば会長ともなればＰＴＡの代表としてさまざまな会合やイベントに出席して挨拶をしなければなりません。そして会長が欠席したときには、副会長が会長の代理を務めることになります。そのため、ＰＴＡの役員には、人前で堂々と話ができるとか、人に会うことが苦痛にならないなどの社交性がある程度、必要とされます。

そこで、保護者会で積極的に手を上げて発言するような方とか、地域のスポーツクラブや行事に参加して目立っている方とか、あるいは自営業で多くのお客様と接していて評判が良い方とかが、役員の「適任者」として推薦されることが多いようです。

事実上、立候補と選挙が不可能である以上、ＰＴＡ全会員による推薦と、役員指名委員会による選考によって、新年度の役員を選出することは、意外と悪くない方法です。

対立候補がいないために、どんな人間でも立候補しさえすればＰＴＡ会長になれてしまうような制度よりは、民主的ではないかもしれませんが、推薦制度のほうがよりよく機能すると言えるでしょう。

しかし、推薦制度が機能するのは、選考された「適任者」がこころよく役員就任を引き受けてくれる場合に限ります。もしも、候補者のすべてに断られるような事態が起きた場合、役員選出は非常に難航し、あげくの果てには「まだやっていない」人に無理やり押しつけるような悲劇が起きないとも限りません。どうしても役員をやってくれる人が見つからないときは、学級単位で話し合いを行うこともあります。すべてのクラスから候補者を選出して、その人たちがまた新たに話し合いをして次年度の役員を決めるのです。この方法は、積極的ではないけれども立候補に準じるものだと言えるでしょう。

役員指名委員会は、次年度のＰＴＡの運営を左右する大切な存在です。一方で、役員がなかなか決まらないときは、胃の痛くなる仕事であるとも言えるでしょう。

Ａ26

次年度の役員候補を選出して、就任を引き受けてくれるようにお願いをしています。役員候補は、すべてのＰＴＡ会員から推薦してもらうことになります。

Q27

会長、副会長、書記などの役員は何をするものなの？

通常、本部役員会はＰＴＡ会長１名、副会長２〜３名、書記２〜３名、会計１〜２名、会計監査２〜３名の10人前後で構成されています。

このうち、書記は議事録の記録と連絡係で、会計はお金の出し入れを管理し、会計監査は会計のチェックを行います。残りの会長と副会長が、対外的なＰＴＡの顔であり、その他の実務全般を取り仕切ります。

ＰＴＡ会長はＰＴＡの代表であり、ＰＴＡ会員（保護者）の代表です。しかし、学校の代表である校長と話すときには保護者の代表ですが、ＰＴＡ会長として公《おおやけ》の場に出ていくときには、校長や教員も含めたＰＴＡの代表になります。そのため、ＰＴＡ会長を続けていくうちに、保護者の代表という面よりは、学校の代表という意識が身についてきます。

ＰＴＡ会長の仕事はいろいろありますが、代表的なものは入学式と卒業式と運動会における挨拶です。と言うのも、一般会員がＰＴＡ会長を目にするのは、主にその３回だけに限られているからです。

もちろん、ＰＴＡ会長の仕事はそれだけではありません。

一般の保護者にとってみれば、校長先生を目にするのも、入学式と卒業式と運動会の挨拶のときだけですが、校長先生が他にもいろいろ仕事をしているであろうことは容易に想像できます。それと同様に、ＰＴＡ会長にも、一般会員の目に見えないところでいろいろと仕事があるわけです。

しかし、現実には、あまりにもＰＴＡ会長を引き受けてくれる人が少ないので、候補者に対しては「入学式と卒業式と運動会の挨拶だけをやってくれればいいですから」とお願いをすることが多いようです。特に男性のＰＴＡ会長の場合は、このパターンが多いようです。

では、「挨拶だけでいい」というのが、ＰＴＡ会長を引き受けてもらうための嘘なのかといえば、そうとも限りません。最悪の場合、ＰＴＡ会長がその３回の挨拶だけしかやらなくても、何とかＰＴＡは回っていきます。

この場合、挨拶以外の仕事はどうなっているのかといえば、主に女性の副会長が代行するのです。なかなか面倒くさいシステムです。

そんなことをするくらいならば、その副会長が会長になればいいようなものですが、女性の中には、事務的な仕事ならいくらでもやるけれども、自分が代表として名前を出したり、人前で挨拶したりはやりたくないとかたくなに拒む人がいるのです。また、他の役員は女性でもいいけど、会長だけは男性がふさわしいという古い価値観が残る地域も多いようです。

そのほか、ＰＴＡ会長は、役員会や運営委員会の議長（司会進行）を務めることもあります。

しかし、ＰＴＡ会長がお飾りの男性であるような場合には、議長役は実質的な会長である副会長が務めることもあります。

ちなみに、役員会と実行委員会には、会長・副会長・書記・会計のほか、学校から校長・副校長・教務主任の３名が参加することが多いようです。役員会と実行委員会は毎月開催されるため、役員となった方がすべてに出席していれば、学校の教育方針も理解できますし、お互いに信頼感も生まれます。

また、ＰＴＡ会長は、その学校のＰＴＡが区や市のＰ連（ＰＴＡ連絡協議会）に加入していれば、そちらにも校長先生と一緒に出席します。Ｐ連のほかに、市や区の他校のＰＴＡ会長が集まるＰＴＡ会長会なるものがあることもあり、お互いのＰＴＡのかかえる問題や悩みを相談しあえます。

さらに、同じ中学校に進学することになる小学校のＰＴＡと中学校のＰＴＡによる懇親会などもあります。ＰＴＡ会長を１年経験すると、多くの人と知り合うことができて、地域における顔が広くなるでしょう。

そのほか、町内会や自治会や市・区役所の地域課などとのつきあいもあります。とにかく、ＰＴＡの対外的な活動のすべてにおいて、会長が代表者として挨拶する必要があるわけです。必要とされるすべての会合に出席していたら、ＰＴＡ会長はほとんどフルタイムの仕事と変わらなくなるなどと、おおげさに言われることすらあるくらいです。

しかし、皆のリーダーであるだけに、ＰＴＡ会長はしばしば批判にさらされがちです。校長をはじめとする学校側も、役員会や実行委員の面々も、ＰＴＡ会長が自分の意見に賛同してくれたらいいと考えているからです。ですからＰＴＡ会長は民主主義の精神にのっとり、ときには自分の意見を抑えてまでも、できるだけ多くの人が満足できるように動かなければなりませんし、役員や委員の人心を掌握するリーダーシップも必要になります。

Ａ27

ＰＴＡ会長をはじめとする本部役員は、そのＰＴＡの代表を務めています。なかでもＰＴＡ会長は対外的な顔として、さまざまな会合に顔を出す必要があります。

Q28
ＰＴＡの会長や委員長はどうやって選ぶの？

ＰＴＡの役員会におけるリーダー（ＰＴＡ会長）の選出、あるいはそれぞれの委員会におけるリーダー（委員長）の選出は、あまり騒がれることはありませんが、ＰＴＡの役員、委員選出において大きな問題になっていると私は考えています。

なぜならば、ＰＴＡにおいては通常、一般会員から役員や委員を選出する→選ばれた役員や委員の中からリーダーを選出する、という2段階の選考を経てリーダー役が決められるからです。

このような2段階選考になっているために、ＰＴＡ会長や委員長などのリーダー役にはなりたくはないけれど、ヒラの役員や委員ならやってもいいという人が、立候補しにくい構造になっています。

2段階選考であるために、「他にやる人もいないみたいだから、できる範囲でお手伝いしてもいいわ」と委員選出の場で手を挙げてくれた方が、いざ最初の委員会に出席してみると「これから委員長を選びます」と言われて、くじびきの結果、委員長にされてしまったという悲劇も起きています。

あるいは、書記か会計をやってくれればいいからと言われて、クラスから役員候補に選ばれた人が、実際に役員を決める場に出てみたところ、候補者のすべてが書記か会計をやるつもりで来ていたという話もあるようです。

そんなにリーダー役をやりたくないのかと言えば、やりたくないのだそうです。多くの人は「お手伝い」の感覚で来ていて、自分が率先して矢面に立つリーダー役などとんでもないと考えています。また、リーダー役になると、会議の司会進行や挨拶など、人前で話さなければならないことにも抵抗があるそうです。

だからといって、各クラスから委員や役員候補を選ぶ段階で、委員長や会長を決めてしまうことはできない、という言い分も理解できます。

結局、どの学校のPTAにも30～50年くらいの歴史があって、そのなかで、それなりの合理性をもって続けられてきた、あるいは改革されてきたやり方が現在の姿なわけですから、多少の問題があっても、一朝一夕に変えることは難しいのです。

そのため、責任の重いPTA会長だけは個別に当たりをつけて、事前にお願いをして回るPTAも少なくありません。あらかじめPTA会長に就任するよう同意をとりつけておけば、2段階選考のままであっても、その人が順当にPTA会長に立候補してくれるので揉めることがないからです。

あるいは、PTAによっては、各委員会の委員長も同様に、事前の根回しで決定していることともあります。この方法であれば、初めての人や子どもが入学したばかりの人が、くじびきやじゃんけんで委員長にさせられておろおろすることがないので、運営的にはずっとスムーズになります。

しかし、物事にはすっきりした回答はないもので、ＰＴＡ会長や委員長が、あらかじめ推薦と根回しで決められていることを「民主的でない」といって不満を持つ人もいるようです。

たしかにコネと人脈でＰＴＡ会長が決まってしまうようでは民主的とは言い難いでしょう。初期のＰＴＡでは、学校の後援会会長などを務めていた地域の有力者が〝ボス〟として会長に居座って、独裁者のようにふるまっていたという話もあり、民主的なＰＴＡを確立するまでには苦労もあったそうです。

とはいえ、現在のＰＴＡ会長はコネや人脈でなく、幅広く推薦を募っているため、比較的、民主的な方法で選ばれています。

本来は選挙制度が最もよいのでしょうが、毎年、確実に複数の立候補があるわけでもないので、対応には苦慮するところです。

また、立候補者がいるからといって、その人でいいというわけではありません。

とある学校で、ＰＴＡを改革しようとした若い人が立候補したのですが「会長になったらバザーは不要だから中止にする」、「学校への寄付金を削減してＰＴＡ会費を下げる」などと公言していたために、校長以下教職員の大反対にあって、結局、会長になることができませんでした。

そのような事情が関係しているのかもしれませんが、ＰＴＡの運営委員会をやってみたいと思っていても、立候補して目立ちたがり屋と思われるのが嫌だから、おおっぴらに公言はしないという人も多いそうです。そのような人の場合は、他の人に推薦してもらえるのであればやってもいいと考えているわけです。人間はいろいろと複雑です。

ＰＴＡの役員選出は「政治」の世界、というわけでもないでしょうが、とにかくすっきりした回答を見つけることは難しいのです。

Ａ28

ＰＴＡ会長は役員候補による話し合いで、委員長は委員会における話し合いで決められることが多いようです。なかなか決まらないときのために、事前に根回しをしておくこともあるそうです。

Q29 日本PTA全国協議会には所属しなければいけないの？

私たちがPTAというとき、それは子どもの通っている学校のPTA（単位PTA）をさします。しかし、マスコミなどでPTAというときには、それは全国の単位PTAの集合体である日本PTA全国協議会をさして言うことが多いようです。

しかし、本書で繰り返してきたようにPTAとは、それぞれの学校によって規約も構成メンバーも歴史も異なる団体です。全国組織としての日本PTA全国協議会とは、いったいどのようなものなのでしょうか。

まず、個々の単位PTAは、同じ市や区のP連（PTA連合会、PTA連絡協議会）に組織されます。P連とは、同じ市や区に存在する単位PTAが、一緒に集まって活動することで、情報交換をしたり、より大きな発言力を持ったりするための組織です。

このとき間違えてはならないのは、あくまでも個々の単位PTAが先にあって、その集合体としてP連があることです。PTAは民主主義のお手本のような組織ですから、あくまでも主権は個々の単位PTAにあります。もちろん個々の単位PTAの中でも、主権はPTA会員にあります。日本国の主権が日本国民にあると日本国憲法に定められているのと同じことです。

単位ＰＴＡはＰ連に所属することによって、同じ市内（区内）の各学校のＰＴＡ同士で横に連携することができるようになります。正確には、必ずしもＰ連に所属しなくても連携はできるのですが、所属することで他ＰＴＡとの交流の場が自然と持てるようになります。

その一方で、Ｐ連に所属する単位ＰＴＡは、Ｐ連の活動のために会費を納めなければなりませんし、Ｐ連自体の役員を持ち回りで選出しなければなりません。これは、ＰＴＡ会員がＰＴＡ会費を納めたり、ＰＴＡの役員や委員に持ち回りで参加したりするのと同じ理屈です。Ｐ連は単Ｐの集まりなのですから、単Ｐからの会費で運営されているわけです。

この会費や労力の負担と、所属することのメリットとを比べて、Ｐ連に所属する意味は少ないとして、脱退してしまう単位ＰＴＡもあるそうです。実際のところ、単Ｐ（個々の学校のＰＴＡ）に比べて、Ｐ連は現場から離れてしまうため、さらに活動内容に意義が感じられないと嘆いているＰＴＡ会員は少なくありません。

さて、市や区のＰ連は、さらにその上の組織である都道府県のＰ連に所属していることになっています。さらに、この都道府県のＰ連の上に、日Ｐ（日本ＰＴＡ全国協議会）と呼ばれる、公益社団法人の全国組織があります。

ただし、それぞれの単位ＰＴＡは自主独立の組織であるため、これらの上部団体に所属するかどうかは自由です。俗に上納金と呼ばれる毎月の会費が惜しいわけではないでしょうが、あえてＰ連には所属しないという選択をしたＰＴＡも存在します。

たとえば東京都の単位ＰＴＡの多くは、市や区のＰ連には所属していることは多いものの、その上の東京都小学校ＰＴＡ協議会（都小Ｐ）にはほとんど所属していません（都小Ｐの加盟率は２０１２年度で約17％だそうです）。

民間人校長で有名な杉並区の和田中学校は、ＰＴＡをＴ（教員）抜きの保護者の会に再編成する過程で、杉並区のＰ連および日Ｐからも脱退してしまいました。

このように、Ｐ連とその上に連なる団体は、あくまでも個々の単位ＰＴＡの集合体でしかありません。ですから、日本ＰＴＡ全国協議会といっても、全国のＰＴＡに指示命令を出せるような中央集権の組織ではありません。

とはいえ、実際のところ、Ｐ連や日Ｐは自分たちより上位の存在であると勘違いしているＰＴＡ役員（会員）もたくさんいます。Ｐ連からの通達があると逆らえないと感じたり、Ｐ連主催の講演会には必ず出なければならないと考えたりする人々です。日本国の主権は日本国民にあるにもかかわらず、国民よりも政府の方が偉いのだという勘違いと、同じたぐいのものだと思います。

たしかに日本政府がなければ県も市も存在しえないように思えますが、実際には日本国を構成しているのは税金を支払っている一人ひとりの国民であり、市や県はその気になれば国から独立して新しい国家をつくることだってできないわけではありません。

ＰＴＡの主体はあくまでも個々のＰＴＡ会員にあり、Ｐ連や日Ｐは個々のＰＴＡ会員の支払う会費によって成り立っているという事実を忘れないようにしたいものです。

A29 **日本PTA全国協議会（日P）に所属するかしないかは自由です。日Pは全国のPTAの上位にある組織ではありません。**

Q30 日本PTA全国協議会って、いったい何をしている組織なの？

Ｐ連および日Ｐのような単位ＰＴＡの集合体は、個々のＰＴＡでは社会に対して働き掛ける力が弱いために、「子どもの健やかな成長」という大きな目的を同じにするＰＴＡ同士で連帯したものだと考えられます。

実際に日Ｐは、社会的に影響力のある研究発表などを行っています。その一つが全国の小学5年生と中学2年生の保護者に対して実施している「子どもとメディアに関する意識調査」です。

その中の一項目である「子どもに見せたくない番組」についての回答は、しばしば面白おかしくメディアにとりあげられることで物議をかもしてきました。

たとえば２０１１年度の同調査では、中学2年生の保護者の間で『ロンドンハーツ』、『めちゃ×2イケてるッ！』、『クレヨンしんちゃん』、『志村けんのバカ殿様』などが「子どもに見せたくない番組」としてあげられました。小学5年生の保護者の間でもほぼ似たような番組名が挙げられています。かつては『8時だヨ！全員集合』や『オレたちひょうきん族』がランキングの常連でした。

さらに、見せたくない理由として「内容がばかばかしい」、「言葉が乱暴である」、「常識やモラルを極端に逸脱している」、「いじめや偏見を助長する場面が多い」、「エッチな場面が多い」、「人権擁護の配慮が足りない場面が多い」などの理由が挙げられています。

いずれももっともな理由ですが、これらの番組の視聴率が高く、人気もあることを考えると、やや一般的な意識との乖離《かいり》が感じられます。また、同調査において「このような番組が放送されていることについて、スポンサーにも責任があると思いますか」との設問には、政治的な意図が感じられないこともありません。

一方「子どもに見せたい番組」としては、『世界一受けたい授業』、『そうだったのか！池上彰の学べるニュース』、『ダーウィンが来た！生き物新伝説』、『天才！志村どうぶつ園』などが挙げられています。かつては『プロジェクトX～挑戦者たち～』や『まんが日本昔ばなし』などの人気が高く、後者は「PTA推薦番組」とうたっていたほどでした。

ちなみに、これらの回答があまりにもメディアの注目を集めるために、2012年度からは番組名をたずねる質問項目はなくなりました。

いずれにせよ、これらの回答に見られる「清く正しく美しい」ものを求める傾向は、PTAと言えば「教育熱心なお母さん」の集まりという、あまり芳しくないイメージを植えつけてしまいました。かつては皮肉を込めて「教育ママ」と呼ばれていたことすらあります。

私がPTAという言葉にはじめて会ったのは、筒井康隆の小説『くたばれPTA』だったかと思いますが、新潮文庫版の表紙は山藤章二の描く、三角眼鏡におばちゃんパーマの意地悪そうなご婦人でした。それを読んだ中学生の私が、ＰＴＡのことをヒステリックな圧力団体であると勘違いしたことは言うまでもありません。

もちろん、日本ＰＴＡ全国協議会はそのような組織ではありません。全国のＰＴＡのために真面目に活動している団体です。たとえば、ＰＴＡ活動の参考になるよう、全国のＰＴＡのユニークな取り組みを集めた『ＰＴＡ実践事例集』を毎年出版しているほか、「ＰＴＡ広報誌コンクール」を行い、ＰＴＡ活動の普及と称揚に努めています。その熱意は「ＰＴＡのうた」をつくってＣＤを販売するほどになります。

しかし、一般のＰＴＡ会員の中には、Ｐ連や日Ｐに加盟することでどのような利益があるのか、疑問を持つ人も存在しています。

巨大な組織となっていなければ、いざというときに子どものために社会に働きかけることができないのですが、そのメリットを実感できることが少ないのでしょう。日Ｐは自分たちの存在意義について、もっと会員にアピールする必要があるかもしれません。

Ａ30

力の弱い個々の単位ＰＴＡをまとめる役割を果たしています。いざというときには相談役になってくれることでしょう。

第四章　応用編

「困ったな」のそのときに、考えてみること

Q31 うちのＰＴＡはまるで学校の言いなりに見えるんだけど、どうして？

学校の言いなりというのは言い過ぎかもしれませんが、ＰＴＡの中には、まるで学校の後援会のように、せっせと学校のお手伝いに精を出すところもあります。むしろＰＴＡとは学校の一部であり、学校のサポートをするところだと勘違いしている人も少なくありません。

もちろん、学校の後援会的なＰＴＡが間違っているというわけではありませんが、ＰＴＡ本来の自主性が失われていて、学校が大多数の保護者（ＰＴＡ会員）の意に沿わないことをしても、意見の一つもできないようなＰＴＡだとすれば問題があるかもしれません。

なぜそのようなＰＴＡがあるのか。原因の一つは、ＰＴＡの成立過程に求められます。戦後に、ＧＨＱの勧告と文部省の指導のもと、全国各地の学校にＰＴＡがつくられるとき、ＰＴＡがどういうものかがよくわからないまま、それまでに存在していた後援会をそのままＰＴＡに再編成してしまった学校がいくつもあります。

ここで言う後援会とは、地域の有力者や地主などの資産家が「おらが地域の学校」のために備品を購入したり何周年の記念行事を企画したり、もっぱら資金面での援助を行うための組織でした。実際に、戦後まもない頃は、学校に配分される教育予算が少なかったために、多くの

ＰＴＡが資金の面で後援会的な役割を果たしました。

しかし近年は、文部科学省社会教育課が「基本的に、公立学校で使う備品は公費で負担するのが原則」、東京都教育委員会が「学校は、ＰＴＡ会計から安易に備品や消耗品費を支出したりしてはならない」とコメントするなど、ＰＴＡによる学校へのむやみな資金援助を疑問視する声も高まってきています。

私立学校などでは、ＰＴＡとは別に後援会という組織を持つところもあります。これは、ＰＴＡが後援会ではなく、会員の自主独立による運営を行うための組織であることを前提にしたものです。ですから、ＰＴＡ会費はあくまでもＰＴＡの運営のためのものであり、学校への寄付金ではないことをきちんと確認したいところです。

もちろん、ＰＴＡ会員の総意によって学校に足りない備品を購入したり、寄付を行ったりであれば、問題はありません（ただし、公務員である教員への報酬の支払いは、違法になりかねないので止めておいたほうが無難です）。

また、学校の言いなりということであれば、お金以外にもう一つ、活動について言われているのかもしれません。ＰＴＡは自主独立運営の組織であるといっても、その会員には校長をはじめとする全教員が含まれています。保護者だけの会というわけではない以上、学校の意向もある程度は運営に反映されるべきでしょう。ＰＴＡにＴ（教員）が入っているのは、保護者と教員とのお互いの協力を前提にしたものだからです。しかし、もし学校と保護者との間で意見の対立があった場合には、ＰＴＡ内部で意見が分裂してしまうことになります。これは望ましい事態とは言えません。

そう考えれば、あなたの所属するＰＴＡが学校の言いなりになっているように見えるのは、学校の教育方針に全面的に賛同しているのにすぎないかもしれません。あるいは、ＰＴＡとして積極的に活動する方法がわからないので、何をしたらよいかを学校に聞くことで活動方針をたてているのかもしれません。

一つだけ確実に言えるのは、ＰＴＡが活動していくにあたって、学校の協力が得られないとしたら、活動自体がかなり難しくなるということです。

現在、ほとんどのＰＴＡは学校の中にＰＴＡ専用の部屋を与えられています。ＰＴＡにとっては大きな利便性ですし、学校にとっても少子化で余った教室の有効利用になります。また、ＰＴＡ会員への告知は、教員を通じて児童にプリントを配布する方法が一般的です。学校とＰＴＡとは別個の組織ですが、お互いに協力し合って子どもたちを見守っていくことが必要です。

ＰＴＡと学校が不必要に対立することなく、かといって馴れ合いに陥ることなく、お互いの不足を補い合えるような関係になることが理想的だと思います。

Ａ31

教員もＰＴＡの会員ですから、ＰＴＡには学校の意向も反映されています。だからといって過剰に学校に迎合する必要もありません。

Q32 PTAのほかに保護者会というものがあるんだけど、どう違うの？

前に、PTAと後援会が並立している学校があると書きましたが、多くの学校では「保護者会」（父母会）も、PTAとは別組織として存在しているようです。

この「保護者会」とは何かといえば、学校が、生徒の保護者を把握するためにつくる組織です。PTAは本来、自由参加の組織ですから、建前としては、全校生徒の保護者が加入しているわけではありません。そのため、学校が全生徒の保護者に連絡をしたいとなったときにはPTAとは別に保護者会がなければ困るわけです。もちろん、この場合の保護者会は単なる保護者名簿に近いものですから、全員加入ですし会費も徴収しません。

しかし、PTAが自動加入となっている多くの学校では、PTA＝保護者会としてしまっているような感があります。

たしかにPTAに全保護者が加入しているのであれば、PTAは保護者会とほぼイコールなのですが、それを認めて両者のボーダーをなしくずしにしてしまうと、たまに保護者がPTAを退会すると言い出したときに、PTA＝保護者会だし、手続きが面倒だからと、強硬に反対するような本末転倒の事態が起きてしまいます。

たとえば、個々の会員から入会申請書をとらずに、学校の保護者名簿をそのままPTA会員名簿に流用している多くの学校とPTAは、本来であれば個人情報の流用で訴えられてもおかしくはないのです。個人情報については、昔は慣例として認められてきたことが、時代の移り変わりで不可になったことが多いのはみなさんよくご存じのとおりです。

以下に述べるのは川端裕人さんの『PTA会長と校長先生ってどっちがエラいの?』に紹介されていた話です。

2010年、沖縄県那覇市のとある公立小学校で、PTAへの自動入会や、給食費用の口座からのPTA会費の自動徴収を問題にした保護者がいました。学校に提出した住所や電話番号などの個人情報が、PTAに流用されていることにも問題があると、本質的な疑問を学校に呈したとのことでした。

ところが当時の校長は、この会員による問題提起を、PTAという組織の構造的問題と考えることなく、ある種の〝モンスター・ペアレント〟による個人的な不満として、誤った対応をしてしまったようです。

その結果、どのようなやりとりがあったのかわかりませんが、クラスの全員写真を、PTAによる周年行事記念誌に流用する際に、「個人情報保護」のためとして、その会員の児童だけをデジタル加工で削除してしまいました。

全員写真から一人だけ削除されるなど、まるで〝いじめ〟のような処置を取られた児童は非常にショックを受けたそうです。もしかすると、校長やＰＴＡには悪意はまったくなかったのかもしれませんが、事実だけを見ると、まるで「見せしめ」のように感じられてしまいます。

みんなが納得して私権を譲り合っているなかで、一人だけ、本来あってしかるべき権利を主張する人がいると、「利己的」で「ワガママ」で「和を乱す」輩であるとして、排除したくなる気持ちはわからないでもありません。しかし、民主主義国家の公立学校で、少数派の意見が疎んじられるというのはぞっとする話です。

本来、最も民主的な組織であるはずのＰＴＡが、自動入会というかたちで会員個人の意志を軽視しているように見えるのは悲しいことです。

Ａ32

保護者会は学校による保護者への連絡組織です。ＰＴＡは少なくとも建前上は、保護者と教員とが自主的に集まるボランティア組織であり、保護者会とは別物です。

Q33 講演会や講習会に、ＰＴＡ会員が人数合わせで出席するの、無駄じゃない？

はい、私も無駄だと思います。

ところで、もし、あなたの息子さんか娘さんが、「学校の授業がつまらない。あんなつまらない授業に毎日出席するのって無駄じゃない？」とたずねてきたら「無駄だよね、出席しなくていいよ」と簡単に言えるでしょうか？　たぶん、言えないですよね。

講演会や講習会は一種の「教育」のために行っているものです。そして「教育」というものは、受ける相手のためだけに行うわけではなく、社会のために行っている面もあるため、ある程度は受講者に我慢を強いるものなのです。

とはいえ、学校の授業とＰＴＡの講演会・講習会には違いもあります。学校の授業は、授業を行う教員を選ぶことはできませんが、ＰＴＡの講演会や講習会は、企画や講師をＰＴＡ自身で選ぶことができるからです。

ということは、もし講演会や講習会の内容がつまらなくて人が集まらなかったとしたら、企画を立てたＰＴＡ自身の責任になります。その場合は、連帯責任を負うかたちでＰＴＡの役員や委員が参加して人数合わせをするのも致し方ないとも言えるでしょう。

そもそも、ＰＴＡ会員は、学齢期の児童や青少年と違って、あらためて教育なんか必要としていないのだから、「講演会や講習会なんていらない！」という意見もあるでしょう。

たしかに、立派な社会人として子どもをもうけているＰＴＡ会員に、講演会や講習会を受けろと言うのは、失礼な話かもしれません。しかし、人生というものは何歳になっても学習や勉強を必要とするものです。たとえば、食育や栄養学の知識がまったくないお父さんが、突然、主夫になって赤ちゃんを育てなければならないとなったら、ちょっとは食事について教えてあげたほうがいいのではないかと、おせっかいながら考えてしまうでしょう。

ＰＴＡの講演会や講習会もまた、大きなお世話とは思いながらも、会員が知っておいたほうがいいテーマや子育てについての「啓蒙活動」です。

もちろん、どんなに立派な啓蒙活動であっても、人が集まらないのであれば効果がないのだから、いったん中止にして、別の方法を考えたほうがいいのではないかという意見もあります。

実際に、そのように進言した勇気あるＰＴＡ会員もおおぜいいました。

あるＰＴＡでは、議題にとりあげられて講演会の企画そのものが中止になりましたが、別のＰＴＡではいったん決まりかけた中止の決定が覆されました。その理由は「ＰＴＡの講演会活動には、市や区や財団法人、社団法人から助成金（補助金）が支給されているから」でした。

すでに助成金の支給が決まっているのであればいまさら中止するわけにはいきませんし、そうでなくても、例年もらっている助成金をみすみす逃す手はないというのです。校長みずからが「ＰＴＡの講演会は続けてください」と懇願してきた例もあるそうです。

そもそも、何事かを行うにあたって助成金を出さなければならないというのは、不人気である証拠です。一方で、不人気であっても地道に続けなければいけないのが「啓蒙活動」です。この板挟みにあって悩むのがＰＴＡの役員、委員の運命なのかもしれません。

講演会の中には、Ｐ連などの上部組織や自治体や教育委員会が、主催や後援を行うものも数多くあります。この場合は、学校やＰ連を通して、それぞれのＰＴＡに対して動員がかけられ、参加人数がノルマとして通達されるそうです。

あからさまにノルマが課されるわけではないのですが「そちらのＰＴＡから5人くらい出してほしいんだよね」などと言われると、その通りにしてしまう、人のよい役員が多いのです。

あるいは「ここは校長の私の顔をたててもらって」とか「他のＰＴＡも同じ人数を出すから」などといったよくわからない言葉で懐柔されているのかもしれません。

現実はいつだって難解なものですが、これらの問題を解決できるとしたら、一人ひとりのＰＴＡ会員の声だけではないかと私は考えています。

Ａ33

主催者には主催者の論理がありますし、しがらみも面子もあります。

また、しぶしぶであっても行ってみると意外と面白いかもしれません。

しかし、少なくともノーという権利は誰でも持っています。

Q34 ＰＴＡの予算が少ないのに、指定業者を使ってほしいと言われた。なんで？

ＰＴＡばかりでなく、多くの学校では、制服、体操服、上履き、靴などは、学校指定の業者を使うことになっています。制服や体操服など、全員が学校オリジナルの同じデザインのものを着用することを前提にするのであれば、特定の業者に大量に発注することになりますから、業者が指定されるのも仕方がありません。

しかし、業者指定の制服や体操服は、一般的な汎用製品の市場価格と比べると、どうしても高く感じられることが多いものです。そのため、経済的に苦しい家庭を中心に是正を求める声が高まり、最近は、上履きや靴や体操服などは、各自で自由に購入してもよいとなっている学校も少なくありません。

その一方で、校章入りの制服やイベントごとの写真や卒業記念アルバムなどは、特定の業者にまとめて頼まざるを得ない関係上、自由に買ってくださいとはなかなか言えません。しかも、他の業者との間で、正常な市場競争があるのであればいいのですが、どうしても学校の場合は、地元の業者を優先したり、それまでのつきあいを大事にしたりする傾向があるので、なかなか価格が下がらないのです。ＰＴＡもまた同じで、広報誌の印刷業者や、周年行事の記念アルバムなどを作成するときには、つきあいのある業者を優先して、言い値で支払っているところが少なくないようです。

もちろん、原則から言えば、同じ業者と取引を続けなければならないことはありませんから、もっとリーズナブルな価格で良い仕事をする業者がいるのであれば、いつでも変更はできます。ただし、世の中にはしがらみが多いので、簡単にはいかないこともあります。たとえば、区や市の教育委員会から、学校に対して、地域経済の振興のために地元の業者を使うようにという指導が来ているのかもしれません。あるいは指定業者が地域の有力者とつながりがあって、元ＰＴＡ会長や自治会・町内会の会長からの頼みがあるので、断りきれないのかもしれません。

２００３年には群馬県の県立高校で、学校の教育予算の不足を補うために、10年以上も制服の製造業者に一式あたり７００～８００円の手数料（リベート）を納めさせていたという事件が発覚しました。そのリベートのお金は、文具の購入やパート職員の人件費にあてていて、誰かが個人的に蓄財していたわけではなかったのですが、そのために「悪い」という意識もなかったのかもしれません。報道はされなくても、似たような事例はほかの学校でもあったことでしょう。

一方で、ＰＴＡとして制服の改善に取り組み、制服検討委員会を起ち上げて、複数の業者とともにデザインを検討し、プレゼンテーションを行い、公明正大な経緯で適正な価格の新制服を決定したという例もいくつかあります。たとえば、札幌市立栄中学校ＰＴＡは、２００８年に大手制服メーカーが制服の値段をいっせいに値上げしたことに憤り、当時の朝岡敏晴ＰＴＡ会長のもと、中小業者を使って独自ルートで制服を仕入れて、３割も安い価格で全員に提供したそうです。その顛末《てんまつ》は朝岡さんの著書に詳しいのですが、大手メーカーから嫌がらせや妨害があるなど、一筋縄ではいかなかったそうです。

しかし、制服についていえばＰＴＡは消費者団体です。その気になって本気を出せば、ＰＴＡはいくらでも改善にかかわっていけるのです。ＰＴＡの広報誌の印刷でも、インターネットで安い印刷業者を探して依頼してみたら、価格がそれまでの半額以下になったという例もあります。逆に、地元の業者が、自分たちの学校のためにと破格の値段で引き受けてくれている例もあります。

このように、業者が「指定」になる背景にはいろいろな事情があると思うのですが、おおっぴらにできない理由もあり、その背景が一般会員に詳細に伝えられることはあまりありません。また、これまでの業者を変更してしまうことで、前のままのほうが良かったと批判されることを怖れる人もいます。さまざまな面から検討して、子どものために、ＰＴＡとして最もよい方法を見つけてみてください。

A34

業者の選定には、いろいろな事情が存在することもあるのですが、ＰＴＡ会員の力をあわせれば、改善していくことは可能です。

Q35 無駄な会話が多くて、会議がちっとも進まないのはどうにかならないの？

ＰＴＡの役員や委員になったので、委員会と呼ばれる会議に出席してみたものの、なんだか関係のないことばかり話しているし、何をしたいのかちっとも要領を得なくて時間の無駄だと感じてしまう人がいるようです。

ＰＴＡの非効率は、たしかに困った問題です。

ただし、一言付け加えておくと、おそらくどのような会社、組織であっても、会議というものはある程度は冗長で無駄に感じられるものです。意見を異にする複数の人間の間で、何事かを決めていこうというのですから、コンピュータを操作するようにさくさくと進行して、すっきりと割り切れることのほうが少ないのは仕方ありません。

といっても、民間企業であれば、仕事には生活がかかっていますから、いつまでも無駄な時間を過ごしてはいられません。そこで、ビジネスにおいては会議を円滑に進める工夫がいくつも編み出されています。それらをＰＴＡの会議に応用することで、効率化を進めることができると思います。

たとえば、一つの方法は「会議の目的をはっきりさせる」ことです。

「やりたくないのに選ばれてしまった」と受動的にＰＴＡにかかわった人の中には、ＰＴＡの意味や活動の目的を把握しないまま、何となく会議に参加している人が見受けられます。その場合は、会議の冒頭で、目的とゴールを明確に設定することで、議題からそれた無駄な発言を少なくすることができるでしょう。

なお「ゴールを設定する」とは、その会議で決めなければならないことを明確に提示することです。「今日はここまで決めなければなりません」と冒頭に宣言することで、だらだらと話し合いが続いた末に「時間がなくなったからもう一回集まりましょう」などといった、非効率的な会議から抜け出すことができます。

一方で、会議においてはあまり意見を述べずに黙っていて、後から愚痴や文句を言う人たちも一定数、存在しています。意見があるのならば会議の中で発言してくれればいいのですが、自信がなくて言い出せなかったり、公《おおやけ》の場での発言が認めてもらえないのが怖かったり、発言することで自分に責任の重い役割を振られるのが嫌だったり、さまざまな理由で口を閉ざしてしまうのです。自分の意を汲む誰かが代わりに発言してくれないかと、非公式に会長や校長などに直訴したり根回ししたりする人がいるのも、同じような理由からです。

このような人に対しては、あえて会議の場で名指しをして発言を求めることが有効です。「特に意見はありません」と言わせることで、後から反論が出ないかたちにしておくわけです。もしかすると、指名されたことで自信がついて、建設的な良いアイデアをたくさん出してくれるようになるかもしれません。

あるいは、最後に多数決を行うことで結論を明確にしておくことも良い手です。

少人数の会議では「じゃあ、そういうことでいいですね」と、よく発言している2、3人の間での同意だけで決められてしまうことが多いのですが、そうすると、発言はしなかったけれども実は「反対」意見を持っている人に不満が残ってしまいます。

多少仰々しいと感じたとしても、決を採ることで、意見に賛成したという証拠か、あるいは少なくとも反対意見を述べさせておくことができるでしょう。

ところで、もう一歩深く考えたときに、当初の設問にあった「会議を効率的に進める」ことは、本当によいことなのかという疑問もでてきます。

参加者の中には井戸端会議のような無駄話を楽しみにしている人もいます。また、無駄話の中から、普段は埋もれている重要な情報が拾えることもよくあります。

ただ効率だけを考えるのではなく、参加者の全員が集まりたくなる会議になるよう考えることも大切なのかもしれません。

A35

会議の目的をはっきりさせて、参加者の意識を方向付けましょう。
また全員に発言してもらうように気を配りましょう。
大切なのは、全員が会議に「参加」したという意識を持つことです。

Q36 自費で参加しなければならない親睦会や懇親会って本当に必要なの？

義務だと思って「仕事」のつもりでＰＴＡの活動に参加したけれど、そもそもＰＴＡが何をしたいのかよくわからないまま、親睦会や懇親会の開催や参加を強要され、疲れてしまったという人も少なくないでしょう。

親睦会や懇親会、あるいはコンパや飲み会というものは、本来は楽しいものであるはずですが、人間関係が複雑になってしまった現代では、逆に「気疲れする」などと敬遠する人が増えてしまいました。

ちなみに、ＰＴＡが親睦会や懇親会を行うのは、会員同士の間で人間関係をつくる必要があると考えているからです。

３年間、あるいは６年間にわたって、子どもを同じ学校や同じクラスに通わせるわけですから、保護者同士、あるいは保護者と先生との間で、何らかの人間関係ができているのに越したことはありません。

たとえば、子ども同士が喧嘩をしたり、ちょっとした怪我をさせたりといった事件があったときにも、保護者同士が顔見知りで、親しく会話をした経験が一度でもあれば、それほどの大事になならずに解決するものです。

しかし、名前も顔も知らない相手だったりすると、一時の感情が先走って、つい相手を悪人扱いしてしまうことがあります。一度、感情的になると後はこじれるばかりで、お互いに不愉快な思いが残ります。

さらに言えば、公立の小学校や中学校に子どもを通わせている保護者は、同じ地域に住む住民同士ですから、人間関係をつくっておけばご近所づきあいが楽になります。

また、東日本大震災のような災害が起きたときには、ご近所（地域コミュニティ）で、お互いに助け合う必要もあります。東日本大震災の時も、自治会や町内会やPTAなどのコミュニティ活動が活発だった地域は助かる人が多かったし、その後に精神的に落ち込む人も少なかったと聞いたことがあります。

たとえば、宮城県では、地域の人たちが学校のボランティアを行う学校支援地域本部のあった地域では、95％が「うまく避難所運営ができた」と回答したそうです。一方、学校支援地域本部のない地域では「うまく避難所運営ができた」と回答したのは、わずかに35％しかありませんでした。日頃から活発なコミュニティがあるかないかが、いざというときの助け合いに大きな違いを生むのです。

ＰＴＡ活動への参加は、地域コミュニティへの参加の入り口として最も適当なものです。そして、親睦会や懇親会は、お互いが知り合うための大切な機会になります。ですから、初対面の人と共通の話題を探り合いながら話をするというわずらわしさはあるものの、親睦会や懇親会に参加して、損をすることはありません。

　自費で参加をしなければならないことに抵抗を覚える方もいるようですが、ＰＴＡ会費から予算を支出すれば、それはそれで不満を言う人が出てくることでしょう。経済的に苦しいという人もいるかもしれませんが、人間関係をつくるための投資代金と考えて、自分が飲み食いをする費用くらいは負担することにしましょう。

　ところで、ＰＴＡの中には、本部役員や校長、副校長などの懇親会の費用を、会費から支出しているところもあるようです。「役員は仕事が多いのだから、それくらいのご褒美があってもいいだろう」とか、「自費にすると参加者が少なくなるのではないか」とか、「先生方も参加するから」とか、いろいろと理由はあるようですが、きちんと情報公開して総会で認められたのでなければ、本部役員の信頼が損なわれるかもしれません。気をつけてください。

　さて、実際の親睦会や懇親会の現場では、話題に困る人もいるようです。しかし、ＰＴＡ会員同士では「子ども」という共通項があるために、比較的、共通の話題を見つけるのが簡単です。お互いの家庭の収入格差や父母の有無などの事情の違いもあるために、プライバシーに触れすぎないように注意を払う必要はありますが、どこの家庭にもあるような子どもの失敗談や微笑ましい体験などを話して盛り上げ役に徹すれば、楽しいひと時を過ごすことはそれほど難しくはありません。

子どものためにも、ぜひ会員同士の親睦は深めておいてください。

A36

親睦や懇親の目的を見失わなければ、
いろいろとメリットはあります。
行く前は面倒だと感じるかもしれませんが、
行った後には「行ってよかった」と感じるのが
親睦会や懇親会というものです。

Q37 バザーやベルマークや資源回収、本当にやったほうがいいの？

バザーとはバザール（市場）を語源とするもので、それぞれの家庭から拠出してもらった不用品をお祭りなどで販売して、その売り上げを学校の運営資金として寄付するものです。お金ではなく不用品のかたちでの、学校への寄付になります。

一方、ベルマークとは、学校などの教育機関に対する企業からの寄付金で、食品や文房具などの製品のパッケージに印刷されているベルマークを集めてベルマーク財団に送ると、1点が1円に換算されて、その製品の製造企業からの寄付金が学校に送られてくる仕組みになっています。こちらも不用品による学校への寄付と考えることができます。

また、資源回収は、各家庭から古新聞、雑誌、アルミ缶、牛乳パックなどを回収して売却し、その売り上げを学校への寄付金とするものです。

いずれも、説明だけを聞くとたいへん結構な取り組みに思えます。しかし、問題とされているのは、バザーやベルマークや資源回収による寄付金の発生までの過程に、ＰＴＡ会員の労力が大きく投入されていることです。

特にベルマークは、実際に発生する寄付金の額と、その時間をＰＴＡ会員が他所で働いたと仮定して発生する時給金額とを比較すると、取り組みそのものを取りやめて、金銭による寄付にしたほうが効率的じゃないかと揶揄《やゆ》されがちです。実際、ベルマークは一点で一円にしかなりませんから、時給換算すると最低賃金以下にしかならないのです。

だからといって、金銭による寄付をＰＴＡ会員に一律に義務づけるのは、生活保護を受けている家庭や、経済的に苦しい家庭のことを考えれば、現実的ではありません。

家庭の不用品の拠出によるバザーや、生活必需品を購入した時におまけとしてついてくるベルマークだからこそ、誰もが無理なく学校への寄付に参加できるのです。

ですから、バザーやベルマークや資源回収の活動に参加したくない人だけが、金銭を寄付して免除特権を与えられるというのであれば、それはそれで合理的な考えです。実際に、忙しくてＰＴＡの活動に参加できない人には、会費を多く納めてもらうことで役員や委員を免除されるという制度をとりいれたＰＴＡもあるそうです。

また、ＰＴＡの活動とは、はたして効率性をのみ重視するべきなのか、という観点もあります。たしかにベルマーク活動は金銭的価値に換算すると非効率ではありますが、誰もが気軽に参加できるというメリットもあるからです。

各地のＰＴＡではしばしば、ベルマーク活動をなくそうという議題が提出されるそうですが、どんなに忙しい一般会員でも、商品についているベルマークを切り取って子どもに持たせることくらいはできるし、それによって多くの人がＰＴＡ活動に参加しているという実感をもつことが大切だという理由から、なかなかベルマーク活動を廃止する決断にまでは至らないそうです。つまり、教育的価値からもベルマーク活動を残す意味があるのです。

たしかに、多くの会員に、PTA活動に参加したとの意識を味わってもらうことは大切です。自分の一票が選挙結果を左右することはないとわかっていても、人が投票に足を運ぶのは、政治に参加して市民意識を養うことに意味があるからでしょう。一人ひとりが国家の主権者であるという政治意識を持ち続けることが、いざというときに国家の暴走を防ぐのです。

PTAへの参加にも同じ意義があります。自分たちで子どもたちの教育環境をつくっていくのだという意識、国家から与えられた学校にすべてを任せきりにするのではなく、保護者として学校づくりにも参加するという意識が、よりよい学校教育に結実するのではないでしょうか。

また、ベルマークを整理する委員は、たしかに時給換算すると非効率な労働に従事しているわけですが、ベルマークのために集まることを純粋な労働と思っていない人もいます。人によっては、ベルマークを回収するために集まるのは、家から外出して気晴らしにおしゃべりを楽しむよい機会になっているというのです。

PTAにはいろいろな人がいるから、面白いといえるかもしれません。

A37 バザーやベルマークや資源回収のように、誰もが気軽に参加できる活動には、一般会員にPTA活動に参加しているとの意識をもってもらうという大切な意義があります。

Q38 ＰＴＡの活動って仕事を休んでまで参加しないといけないものなの？

ＰＴＡの活動は原則としてボランティアです。誰であっても、他人にＰＴＡの活動を「強制」することはできませんし、また、嫌々ながら仕方なく参加するものでもありません。

しかし、ＰＴＡの活動に「できるだけ多くの人が参加してくれたらいい」と考えている人はたくさんいます。学校を支えるため、市民社会を支えるためには「みんなが参加するべき」だと考えている人もいます。考えること自体は自由なので、誰がどんな思想を持っていようが、それに反対することはできません。

ところが、普通に活動に参加していると、しばしば「ＰＴＡの役員・委員になってくれませんか？」という勧誘が行われることがあります。それだけなら良いのですが、勧誘に熱心な人からは「みんなやっているんだから、あなたもやるのが当然でしょ」、「子どもが学校に通っているうちに一回はやってもらうからね」などといった有形無形の圧力がかかることがあります。

多少の強引な勧誘は笑って跳ね返していればそれで済むのですが、なかには圧力に耐えきれずに、役員や委員を引き受けてしまう人もいるそうです。

ＰＴＡの集まりは、たいていは平日の昼間に設定されています。専業主婦または主夫であれば時間のやりくりもできるのでしょうが、フルタイムで働いている人はなかなか参加のための都合をつけるのが大変です。

私の見聞した話の中には、わざわざ有給休暇をつかってＰＴＡの活動に参加したという方もいます。あるいは、男性の場合は、平日の昼間の会合には欠席しても何も言われないのに、同じように働いている女性が欠席したときには後からクレームがつけられたという話もあります。

また、私の知り合いの中には、バザーに出せるような不用品が家にないのに、「一人一品は必ず出してください」と言われたために、わざわざお店で買ってきたという方もいました。もしくは、仕事があるから、平日の昼間の会合には出られないと断っていたのに「それでもいいから」とくどかれて引き受けたところ「あの人はちっとも委員会に出てこない」と陰口を叩かれた人もいるそうです。

これらのネガティブな事例をとらえて、ＰＴＡ不要論を唱える方もいらっしゃるのですが、そのように一面的な見方をするものではありません。悪いのは個人的な行き過ぎであって、義務やノルマを課していない健全なＰＴＡも少なからずあるからです。

あらためて繰り返しますが、ＰＴＡには無理をしてまで参加する必要はありません。

仮に、過去に無理をして参加された方がいたとしても、それはその人が個人的に、そこまでするだけの価値がＰＴＡにはあると感じたために行ったことであって、万人に適用すべきルールではありません。それほどにＰＴＡにやりがいや楽しさを感じる人がいることは心にとどめるべきですが、あなたが同じことをしなければならないわけではありません。

ところで、なぜＰＴＡの会合は平日の昼間に開かれることが多いのでしょうか。

それは、伝統的にＰＴＡの活動を担ってきたのが専業主婦だからです。主婦にとっては平日の昼間が空いている時間で、夜や休日は家族と過ごす時間なのです。

しかし、結婚して子どもを産んでも、会社で働き続ける女性が多くなってきた現在、平日の昼間は必ずしもＰＴＡの活動に最適な時間帯ではなくなりました。

だからといって「ＰＴＡは主婦がやればいい」というのも、「働く女性は平日に仕事を休んでＰＴＡに参加しろ」というのも、どちらも暴論です。

内閣府によると、すでに90年代の初頭から、共働き世帯の数は専業主婦世帯の数を上回ってきているそうです。それだけ専業主婦の数が減っているのですから、ＰＴＡだって、働く母親の参加がなくては成り立ちません。

私は、父親や働く女性の参加が不可避となってきた現代のＰＴＡでは、会合の時間は平日の夜や休日にすべきだと思います。

あるいはメーリングリストや掲示板などのＩＴの力を利用して、実際に集まらなくても済む方法を考えてみてはいかがでしょう。

東京都大田区立雪谷小学校ＰＴＡの役員会は、９人中６人がフルタイムで働く女性だったために、1年間のうち実際に全員が顔を合わせたのは3、4回ほどしかなかったと言います。その代わりに全員で交わしたメールの総数は2000通を超えたそうです。

ITの活用に対しては、ITリテラシーのない人がいるとか、家庭にパソコンがない人がいるとかのIT格差の問題もありますが、役員会や委員会に参加する少人数の中だけでも、ITの活用で仕事の負担を減らすことを考えてみるのもよいかもしれません。

A38

仕事を休んでまで
PTAの活動に参加する必要はありませんが、
PTAがいろいろな事情を考慮してくれるのであれば、
フルタイムで働いている人でも
PTAには参加できます。

Q39 学級委員やクラスからの役員候補が決まらない！ どうしたらいいの？

本書では、ＰＴＡの理念は素晴らしいし、やり方によっては意義があるとの立場で書かれています。

しかし、現実には多くの方が、ＰＴＡの役員や委員を「できればやりたくはない」ものと考えています。そして、４月の学級委員選出の場では、誰も手を挙げずに沈黙が流れることが多いようです。

そこで、司会進行の方が、クラス内で目立つ方や、発言力のある方などに「○○さん、どうですか？」などと声をかけることになりますが、否定的な言葉ばかりが返ってくるので、ますます空気が悪くなってしまいます。

こんなときに困るのは、司会をしてくださる先生、あるいは前年度の役員さんです。「無理やり、やらせたくない」という思いと、「そうは言っても誰かにやってもらわなければならない」という思いが交錯したあまり「じゃあ、今年も私がやります」と手を挙げてしまう前年度の役員さんまでいるそうです。悲劇ですね。

私の見るところ「なぜ自分がそんなことをやらなければならないの！　他の人にやらせれば

いいでしょ！」とでも言うような、自己の権利ばかりを主張するモンスター・ペアレントみたいな方は、ほとんどいません。

たいていの人はごく常識的に「やりたくないなあ」、「でも誰かがやらなきゃいけないんだろうなあ」とぐるぐると考えているだけなのです。

では、なぜやりたくないのでしょうか。

私が思うに、最大の理由は「何をするのかよくわからない」からです。

実際に「やってくれませんか？」と聞くと「忙しいから無理です」という答えが返ってくることが多いのですが「忙しいから」というのは、断るための方便であって、やりたくない理由の第一ではありません。

たとえば「忙しいから」と言っている人に「あなたの好きな○○が来るけど時間ある？」と聞けば、おそらく「時間つくるわ」と答えが返ってくることでしょう。同じようにPTAの仕事も楽しかったり意義があったりすれば「時間つくるわ」となるはずなのです。

そもそも、30代、40代で、子どもがいて「忙しくない」人などほとんどいません。そして「忙しいから無理」という人たちは、実際にPTAの仕事にどれくらいの時間が必要なのかもろくに知らないのです。

それではなぜ「PTAって何をするものなの？」と、誰も聞いてくれないのでしょうか。

その答えは、下手に「何をするものなの？」と聞くと「返答によってはやってもいいわ」と言っているように受け取られてしまうからではないでしょうか。「忙しい」と言っておけば、有無を言わさずにノーになりますが、質問をすればやる気があるように見えてしまうでしょう。

しかし、実際のところ「何をするのかわからない」のに「仕事を引き受ける」なんて、「忙しい」人であれば、絶対にできるはずがありません。責任感がある人ほど、「わからないことはできない」と考えてしまいがちだからです。

ところが困ったことに「何をするものなの？」と聞いても、ＰＴＡの経験者からまともな答えが返ってくることも、ほとんどありません。

少しでも興味を持ってくれた人を逃したくないあまりに「簡単で誰でもできる仕事よ」などと無責任なことを言う人もいれば、「まあ、みんなのまとめ役みたいなものかな」とあいまいなことを言う人もいれば、「ＰＴＡっていうのは子どものために役立つ立派な仕事で……」と理念を語ってしまう人もいます。

そんなことを聞きたいのではありません。

私たちが知りたいのは、具体的にどんなことをする必要があって、それは何のために行うもので、なおかつ週に何時間程度をそれに割く必要があって、そして絶対に押さえなければならないスケジュールがいつといつなのかという、ごく現実的でまっとうな「仕事」の条件なのです。

ところが恐ろしいことに、この疑問に答えられる人もほとんどいないのです。

ＰＴＡによってはマニュアルもなく、仕事内容の引き継ぎは手書きのメモがあればよいほうで、口頭での簡単な説明と「わからないことがあったらその都度聞いて」という軽い言葉だけです（ＰＴＡによります）。

びっくりしてもっと詳しくたずねようとすると、「なんでこの人はそんなことにこだわるのか？」という顔をする人もいれば「そんなこと聞くのはあなただけよ」と嫌味を言う人もいれば「やってみればわかるから大丈夫、大丈夫」とひたすら無責任な人もいます（くどいようですが、ＰＴＡによります）。

この時点ですでに「やめておけばよかった」と後悔したくなります。

クラスの中には「場合によってはやってもいいよ」という人が少なからずいます。私の勝手な推測ですが、少なくても5〜10％くらいはＰＴＡに協力的でなおかつ時間に余裕のある人がいるはずです（40人クラスなら2〜４人です）。

しかし、どの程度の時間と能力が必要なのかがわからなければ「やってもいいです」と手を挙げることができないのです。これではＰＴＡの役員や委員に人が集まらないのも、自業自得と言うほかありません。

まず、ＰＴＡとは何かをわかりやすく簡潔に語ること。そして実際の仕事の量とかかる時間を具体的に説明すること。そして、その活動によって子どもたちにどのようなメリットがあるかを、情熱的に語ること。それによって、相手にやりがいを感じさせることができれば、引き受けてくれる方は必ず見つかるはずです。

A
39

PTAの役員と委員とその活動内容について、
マニュアルをつくってください。
そして、説得したい相手が
「やってみたいかも」と感じるような
プレゼンをしてください。

Q40 PTAの役員や委員になってもらうにはどうしたらいいの？

最後に、狙った相手にPTAの役員や委員を引き受けてもらうにはどのように説得すればよいかについて、書いておきます。

役員や委員を依頼するときには、なぜその人に役員や委員を引き受けてもらいたいかという説得力のある理由が大切です。

このとき、相手を納得させることの難しい理由を3つあげておきます。

①くじびきで当たったから

②やってないのはあなただけだから

③あなたのやる番がきたから

これらは、いずれもPTAの役員や委員が義務であることが前提になっていますが、原則として、PTAの役員や委員は義務ではありません。

PTAによっては、あたかも義務であるかのような書き方をしているところもありますが、「やってください」というのは、あくまでも「お願い」であって、やらなくても罰則などはないはずです。

それをよいことに、一度も役員や委員を引き受けてくれない方に対して、もやもやする気持ちは理解できますが、冷静になって考えてみましょう。もしかすると、相手は「やらない」のではなく「できない」事情があるのかもしれません。

ですから、役員や委員を依頼して断られた場合でも「もしよろしかったら、できない事情を教えていただけますか？」と丁寧に聞いてみることが大切です。このときに、相手が、個人的な事情をいちいち話したくないと拒否した場合でも、それも当然の権利でしょうから、しかたありません。

ところで、なぜ、義務や順番を理由にすると、相手を動かすことが難しくなるのでしょうか。それは、義務や順番というものは、必ずしも、その相手じゃなくてもいいことを示しているからです。要するに、やってくれれば誰でもいいと言っているのと同じことです。しかし、「誰でもいいからやってください」と言われて、やる気の出る人はあまりいません。

もし、その相手にぜひ役員や委員を引き受けてほしいと考えるのであれば「あなたじゃなければいけない」という理由を中心に説得を試みるべきです。

最も強力なのは「私は、あなたと一緒にやりたい」というものでしょう。

実際、親しい友人と示し合わせて、二人ないしは三人で一緒に役員や委員を引き受けますと手を上げるお母さんたちは多いものです。一人では心細いけれども、友人がいてくれるならやってもいいという気持ちはよくわかります。

あるいは「いろんな人を見てきたけど、あなたが適任だと思う」、「私のあとを任せられるのはあなたしかいない」という理由も、強力な言葉だと思います。もちろん、うわべだけの言葉ではなく、心の底からそのように感じていることが必要です。

また、あなた自身がＰＴＡの役員や委員をやって「よかった」と感じているかどうかも、言葉に説得力を持たせるためには大切です。もし本当に「よかった」と思っているのであれば、自分の言葉で、ＰＴＡの良さを伝えるようにしてみましょう。

要は、「私がやらないと」という使命感を相手に感じさせればよいのです。

そのように感じたために、２回３回と、何年にもわたってＰＴＡ活動に参加し続けている方も少なくありません。

実際のところ、やる気のない人に無理にやってもらっても、あまりいいことはありません。「忙しくて活動には参加できませんよ」と言っている人を無理やり委員に選んだところ、本当に一度も会合に出席しなかった、などの例もあるそうです。「何もそこまでしなくても」と思うのは、私ばかりではないはずです。

Ａ40

人を動かすときに大切なのは、理由と熱意と相手の気持ちを揺さぶることです。依頼する相手に「私がやらないと」と使命感を感じてもらうようにしましょう。

第五章　未来編

よりよいＰＴＡをつくるために、考えておきたいこと

Q41 PTAっていったいどんなことができるの？

しばしば「本当に必要なの？」と思われてしまったりするPTAですが、PTAの歴史を振り返れば「子どものために」果した数々の業績がいくつも発見できます。

たとえば、雨の日に、片手に重い道具箱、片手に傘をさして通学する低学年の子どもを見た母親が、小学校PTAの学級委員会で「危険じゃないかしら」と発言したことをきっかけに、PTAとして行政への働きかけが始まり、学校の教室に道具箱などを収納するためのロッカーを設置してもらった、という例があります。

また、とある小学校PTAは、学校のそばに物流会社の巨大な倉庫を建設する計画があることを知り「大型トラックの交通量が増えると子どもの通学に危険だ」と、地域の自治会と中学校PTAと連携して、町ぐるみで建設反対運動を行ったそうです。この問題は国会でもとりあげられて、最終的に倉庫建設は中止になり、跡地には高校が誘致されました。

以上の例は『PTAとは何か』に紹介されていたものです。このように、1970年代前後にはデモや陳情などの住民運動によって、よりよい学校や社会をつくろうとの意識が高くありました。

ひるがえって、現在は、あまり社会活動に熱心なＰＴＡは見受けられないようです。その理由の一つは、社会が豊かになって活動の必要性が少なくなったことにあるでしょう。もう一つの理由として、成就するかどうかもわからない社会活動に時間を割くより、稼いだり余暇を楽しんだりして、自らの生活を充実させたほうが幸せであるという個人主義が広がったのではないかと考えられています。

全国ＰＴＡ問題研究会の代表を務めた宮原誠一さんは、ＰＴＡの活動を①研修会などの学習活動、②スポーツ大会などの文化活動、③学校行事への参加などの実際活動、④行政への陳情などの教育運動の４つに分類しました。これらのうち学習活動と文化活動は、ＰＴＡ会員の趣味嗜好の多様化から参加者が少なくなりつつあり、教育運動（社会活動）も衰退し、義務的に続けられている実際活動がＰＴＡのメインとなって久しいのが現実です。

とはいえ、学校の教育環境に対する保護者の不満や要望がまったくなくなったというわけではありません。行政を動かすほどの大きな声にはなっていませんが、少人数学級の実現や、教室へのエアコンの設置など、教育のさらなる充実を望む意見はいくらでもあります。ただしＰＴＡとして運動を組織化するほどのうねりになっていないだけです。

また、現代のＰＴＡが活動を熱心にやっていない、というのも誤解です。「やりたくてやっている」わけではなく、「頼まれたから仕方なく」、あるいは「忙しいけどやったほうがいいよね」という気持ちで参加している人が多い割には、ＰＴＡの役員や委員のみなさんは、非常に熱心に「与えられた仕事」に取り組んでいると感じます。

　現状以上にＰＴＡを活性化させようというのであれば、ＰＴＡの活動を「与えられた仕事」ではなく、「自発的にやりたいと思って行う活動」に変えていく必要があるのかもしれません。

　なぜならば、親が義務的に与えられた仕事にばかり従事していると、その姿を見た子どもは、「仕事とはつまらないものだ」、「大人は面白くないものだ」と感じるようになるからです。子どもの成長のためにも、ＰＴＡは、より自発的なボランティアによる団体になるべきだと私は考えています。

　共同体（コミュニティ）のために働くのはやりがいのある素晴らしいことであり、あなたもその一員であるというメッセージこそ、子どもたちに向けて発されるべきではないでしょうか。そのためには、ＰＴＡを、より多くの人が楽しめるようなやりがいのある活動にしていかねばならないと思います。

A41

ＰＴＡは、その気になって力を合わせれば、行政を動かすことだってできます。それは保護者としてやりがいのある仕事ではないでしょうか。

Q42 より多くの人が参加するＰＴＡってどんなもの？

ボランティア学の専門家である長沼豊さんは『人が集まるボランティア組織をどうつくるのか』の中で、人が集まるのは、メンバーの満足度が高い組織であると述べています。

そして個人が集団に所属して満足するときの例として、「やり甲斐がある」「やりたいことができる」「成長したと実感できる」「組織の決定に参画している」「達成感を感じる」「連帯感が得られる」などの条件を挙げています。

逆に人が集まらない組織の例として、「何をやっているのかわからない」「参加するメリットがわからない」「負担が大きい」「参加していて楽しくない」「活動に魅力がない」「構成員と合わない」などの条件を列挙しています。

あなたの所属するＰＴＡはどちらに当てはまるでしょうか。

ＰＴＡのようなボランティア組織で人を集める鍵は「自発性」にあります。なぜならば、ボランティア活動の楽しさの多くは、自分の意志で参加して、活動内容を主体的に判断して動くところにあるからです。もしも、自発性による楽しさが担保されない場合は、それ以外の面での楽しさがなければなりません。

それはたとえば、他人や社会のために貢献しているという「公益性」による満足感です。他人のために活動することは自己満足も与えてくれますが、そればかりでなく、人とのつながりや、それによる気づきなどももたらしてくれます。逆に言えば「自発性」や「公益性」による満足感が得られなければ、金銭的な見返りがありませんから、すぐに人がやめてしまうのがボランティア組織の弱点です。これが「仕事」であれば、生活の糧を得るために、ある程度は「我慢」できるのですが、PTAのようなボランティア組織には、そのようなブレーキが働きません。

また、ボランティア組織には「楽しさ」ばかりでなく、「苦しさ」もあります。

たとえば、ボランティアで得られる「楽しさ」の多くは、濃密な人間関係によるものですが、この人間関係が悪化すると、濃密さゆえに、とたんに苦しくなってしまいます。

なぜかといえば、ボランティア組織では、どちらも「良いことをしている」という意識があるために、対立が激しくなりがちだからです。

また、お互いの距離が近くなるので、「話し方」とか「進め方」とかが気に入らないというだけですぐに感情的な嫌悪感につながってしまいます。また、自分は「良いことをしている」のに、なぜ相手はわかってくれないのかと、お互いに恨みを持つこともあります。

ですから、PTAのようなボランティア組織においては人間関係を良好にして、それによって「楽しさ」をつくりだすことがとても大切です。企画やイベントは、最初のうちは親睦や交流がはかれるものにするべきです。

さらに、ＰＴＡにはそれとは別の問題があります。基本的に全員参加が要請されるＰＴＡにおいては、一般会員の「自発性」に温度差があります。そのため、イベントにおける一体感をつくるのが難しいですし、役員や委員の成り手を探すのに苦労することがあります。

また、一般会員は別にして、少なくとも役員や委員の間では「自発性」や「公益性」による「楽しさ」が担保されているのかといえば、そうでない例もあります。

たとえば、ノルマ制やポイント制によって役員に選ばれた場合などは、主体的に取り組む「楽しさ」もなければ、嫌なことがあったときにやめる自由も失われているために「苦しさ」ばかりがつのってしまうことになります。

また、ＰＴＡの行事やイベントが形骸化していると感じられた場合には「公益性」による「楽しさ」も感じられなくなりますから、残るのは組織の人間関係による「楽しさ」だけになります。多くのＰＴＡ経験者の間では「知り合いが増えて良かった」という感想が共有されていますから、かろうじて人間関係だけは何とか確保されているようです。

ＰＴＡを、もっと人が集まる組織に変えていくには「自発性」や「公益性」を追求していくのがよいと思います。

A42 **自分の意志で主体的に参加しているという「自発性」と多くの人のために役だっているという「公益性」を感じられる組織、活動にしていくことが重要です。**

Q43 あらためて、ＰＴＡとはどうあるべきなの？

ＰＴＡの理想の姿を探すことは、意外と困難です。

もしＰＴＡがこれからできる組織であるのならば「理想のＰＴＡ」を定義することは簡単でしょう。なぜならば、まだ誰もＰＴＡがどのようなものかを知らないからです。

ですから、新設校に新しく誕生したＰＴＡ、しかも、自主的に集まった創立メンバーが「どのような組織にしたいか」を話し合って起ち上げたようなＰＴＡの多くは、とても雰囲気がよいそうです。その理由は、ＰＴＡ会員の思いや考えが一致しているからです。

しかし、現存する多くのＰＴＡは、できあがってから何十年もの時を経ています。なおかつ、自動的に教員と保護者を入会させているために、必ずしも会の理念に共感した人だけが集まっているわけではなくなっています。

それがいちがいに悪いというわけではありませんが、理念に共感しない会員を多数抱えた組織は、その運営や活動が難しくなります。会員の協力が十分に得られないからです。

ＰＴＡ会員は、日本全国で合計すると１０００万人いるらしいのですが、そのわりには、自分からＰＴＡ会員を名乗る方をあまり見かけません。日本にあるすべての宗教が自己申告する信徒の数を合計すると、日本国民の総数よりも多くなるというジョークを思い起こさせます。

それぞれの学校の単位PTAの中だけでも、何百人という会員が存在します。そして各会員がPTAについてそれぞれ異なる思いや考え、理想を持っています。

たとえば、PTAは「ひとえに子どもたちのために奉仕するものである」と考えている人がいます。一方で「PTAの最大の目的は、保護者と教員が共に学び合うことである」と考えている人もいます。

「保護者や教員が学ぶ」ことは、めぐりめぐって「子どもたちのため」にもなるのですが、この二人が実際にどのようなイベントをするかについて話し合いを始めると、とたんに議論は紛糾します。片方は「子どもが楽しめる」ものがいいと考え、もう片方は「大人が啓蒙される」ものがいいと考えるからです。双方が熱心であればあるほど、妥協をしなくなるので大変なことになります。

また「子どもたちのため」という理念が一致しているもの同士でも、片方は「スポーツ大会が子どもたちのためになる」と言い、もう片方が、「勉強をさせることが最も子どもたちのためになる」と主張すれば、意見が一致を見ません。どのPTAの会議も、そんなことの繰り返しです。

議論に疲れた人の多くは「理念は二の次にして、とにかく和気藹々《あいあい》と楽しくやりましょう」という考えを持つようになります。「私たちが楽しく活動をする姿を見せることが、最も子どもたちのためになるのじゃないかしら」など、理屈はいくらでもつけられます。

このような人たちの仲裁のおかげで議論は収まるのですが、議論の種になるようなことはいっさい厳禁ですから、新しい企画も面白い企画もすべてつぶされてしまいます。一人でも反対意見のありそうな提案は、なかったことにされてしまうからです。

もちろん「ＰＴＡなんかどうでもいい。とにかく余計な仕事を増やさないでほしい」と考えている人もいます。

ＰＴＡの理想の姿を探したくても、それぞれのＰＴＡ会員の考える理想が異なりすぎて、一致させることができません。これが、ＰＴＡの改革が難しい理由の第一です。

理由の第二は「守るべき伝統」です。

ＰＴＡとは何かを考えるときに、大きく分けて2つの方法があります。一つは、理念や位置づけから考えることで、もう一つは現状のＰＴＡの姿から考えることです。

前者から考えれば、ＰＴＡは「保護者と教員の会」であり、その目的は「子どもたちのために大人が学ぶこと」になります。しかし、現状のＰＴＡは、どう見ても「保護者だけの会」であり、その目的は「学校のお手伝いをすること」でしかありません。

理念を大切にする人は、現状のＰＴＡを否定して、本来あるべき姿に戻ることが理想であると考えます。しかし、「現状のＰＴＡの姿になったのにはそれなりの理由がある」、「現状のＰＴＡの姿もそれなりに長い間続いてきたのだから意味がある」と考える人たちは、現状を維持することが理想であると考えます。

前者を「革新」主義者、後者を「保守」主義者と呼んでしまえば、「ＰＴＡ右翼」というキャッチーなフレーズができてしまいます。しかし、このようなフレーズは、それが意味するものが本来持っている多くの意味をそぎ落として、読者に大きな誤解を与える危険があります。

いずれにせよ、このようにして積み重ねられた歴史は、簡単に「守るべき伝統」にすりかえられてしまいます。そのため、たとえＰＴＡの活動が、現在の社会や会員とあわなくなっていても、そのまま続けられることになりがちです。

では、あらためてＰＴＡとは、どのようにあるべきなのでしょうか。ＰＴＡが民主主義的な組織であることを考えれば、その答えは、それぞれの単位ＰＴＡのなかで求められるべきものでしょう。

Ａ43

ＰＴＡの理想については「革新」的な考えと、「保守」的な考えがあります。どちらが良いか、あるいは「中庸」を選ぶべきなのか、それぞれで考えてみてください。

Q44 PTAで新しいことをしようとしてもすぐに反対されるけど、どうしたらいい？

PTAは一般的に「保守」的な組織です。

なぜならば、新しいことをやるためには、従来のやり方や仕組みの欠点に気づくとともに、改革しようという意志を持つことが必要ですが、PTAの役員は1年ごとに変わってしまうため、そこまで意識が行きつかないからです。

1年目の役員は、その人にとっては初めての体験となる、前年度から引き継いだ仕事をこなすことでせいいっぱいです。ようやく仕事に慣れた頃には、もう年度末が来て、役員交代になるために、仕事を通しての気づきや改善点を翌年に反映させることができません。

このように、PTAは仕組み的に、前年度の踏襲からなかなか抜け出せないところがあります。2年連続で役員を務めていただければ「改革」にも手がつくのですが、なかなかそこまでやってくれる方は多くはありません。

そればかりでなく「伝統」の重みもあります。たとえば、10年間、20年間続いてきて、PTAの定例行事となっているイベントを、時代に合わなくなったからといって簡単に「廃止」することができるでしょうか？ おそらく、そうとう難航すると思います。

なぜならば、仮に「廃止」をしたときに、過去を知る誰かから「文句」を言われないだろうか、あるいは、実は「廃止」をしてはいけない重大な理由があって、それを見落としているのではないだろうか、と皆が怖れるからです。そして「前例にのっとっておけば間違いはないだろう」との「保身」主義が幅を効かせることになります。

ほかにも理由はあります。

一般に、ＰＴＡに限らず、「新しい」ことを行うには困難が伴います。その理由の一つは、その「新しさ」が良いものなのかどうか、新しいだけに判断がつきかねるからです。

たとえば、あなたがウィンドウズ・パソコンのユーザーだとして、ある日、突然、「マッキントッシュのほうがいいからそれを使ったほうがいい」と言われたら、どのように感じるでしょうか。おそらく「反発」を感じるでしょうし、何が「いい」のかわからないとも思うでしょう。

ですから、何か「新しい」ことをはじめたいのであれば、それがいかに「有益」か、言葉を尽くして、十分に説明することが必要です。当然、「疑問」のかたちで多くの「批判」にさらされますが、それらにも丁寧に答えなければなりません。

社長の号令で意思統一ができる民間企業と異なり、ＰＴＡのような民主主義的な組織では合意形成に、比べ物にならないほどの時間がかかります。その途中で、心が折れたり、気持ちがめげたりしてしまっては、なかなかゴールにまでたどりつけません。

なかなか「新しい」ことに対する抵抗が強いとはいえ、ＰＴＡはどうあるべきかを真剣に考えてくれる人は、「保守」的であっても、話し合いに参加してくれるという意味ではやりやすい相手だといえます。

むしろ問題となるのは「どっちでもいいけど、面倒なのだけはごめんだ」、「PTAはできれば何もしないでほしい」というタイプの人たちです。ただし、このような「本音」の人たちであっても、熱意をもって説得を続ければ、強力な味方に変わってくれることがよくあります。

本当に「新しい」ことを始めたいと思うのであれば、反対する人たちと個別に一人ひとり話して、納得してもらい、考えを変えてもらうくらいの情熱が必要になります。会議のときまでに、そのようなかたちで根回しをするくらいの政治力も身につける必要があるかもしれません。

A44

「新しい」ことを始めたいのであれば、
なぜそれが「有益」なのか、
なぜ今それを行う必要があるのかを
一人ひとりに丁寧に説明し、
理解を得るまで根気よく説得を続けるような
努力が必要です。

Q45 PTAを改革するにはどうしたらいいの？

第一に、PTAはそれぞれの学校ごとにまったく異なる組織です。ですから、他の学校のPTAの改革事例は参考にはなりますが、そのまま適用することはできません。あなたの所属するPTAは、他のPTAとは課題も解決方法も異なるからです。

第二に、PTAは民主的な組織です。たとえPTA会長になっても、会員の支持がなければ改革をすることはできません。そのため、少なくとも改革に賛同してくれる仲間が二人は必要になります。どんなに良い改革案でも賛同者がいなければ進めていくことはできないでしょう。

改革に賛同してくれる人とは、PTAに対する不満を共有してくれる人でもあります。「PTAのここが良くないよね」という「課題」が、もしあなた一人だけが感じているものだったら、それはあなたの「問題」であって、PTAの「問題」ではない可能性があります。

そのため、話の持っていき方には十分に注意を払う必要があります。「PTAのここがよくない」という話が、発言者のパーソナリティーによるものだと思われてしまえば、PTAという組織の課題に結びつかないからです。

また、異なるPTAの事例を出し過ぎるのもよくありません、それぞれのPTAの抱える課題は異なりますから、聞き手の問題意識に響かない可能性があるからです。

基本的に、それぞれのＰＴＡの問題は、それぞれのＰＴＡの内部からの提案で変えていくしかないのです。ですからＰＴＡ問題は、同じＰＴＡに同じ時期に所属している人同士で話し合うなかで、問題を見つけていく必要があります。

個々のＰＴＡは、ＰＴＡに不満を持った会員が、自ら変えていくしかないものです。

とはいえ、ＰＴＡに不満を持った人は、それ以上、ＰＴＡにかかわろうとせず、逆にＰＴＡの役員にとどまっているのは、現状のＰＴＡに不満の少ない人であることが多いので、改革はなかなか大変になります。

一般論になってしまいますが、ＰＴＡに不満を持つ人の多くは、そもそもＰＴＡとかかわりを持たされること自体が不満なのです。そのため、改革をしたいと言っても、なかなか力になってはくれません。改革のような面倒な問題にかかわりたいと思わない人が多いからです。

一方、ＰＴＡ改革を進めようというような献身的な人は、「義務」や「強制」を前提とした現状のＰＴＡに、あまり不満を感じていません。それが、当たり前だと思っていますし、むしろ進んでやりたがる人までいるからです。また、どうしても、やらない人がいるのは「不公平」だとの考えからも逃れられません。

その結果、現状のＰＴＡを良しとするＰＴＡ擁護派の力が相対的に大きくなって、ＰＴＡ問題が温存されたままになってしまいます。

あくまでも一般論ですが、現状のPTAを良しとする人には、積極的に社会活動に参加する正義感の強い人が多く、PTAに不満を持つ人には、個人的な感性を重視する独立自尊の人が多いようです。前者がもう少し個人の違いに寛容になり、後者がもう少し社会活動に協力的になってくれればいいのに、と思わずにはいられません。

いずれにせよ、PTAを改革するためには、現状のPTAが「大変」であることを前提に、自らその「大変さ」を積極的に引き受けて、他人の「大変さ」を軽減するために動くといったボランティア精神が必要になります。

それができるのは、この本を手に取って読んでいるあなただけだと思うのですが、いかがでしょうか。

A45

PTAの改革には、何よりも他人のために動く利他の精神が必要になります。利己的な不満だけでは熱意が続かないし、他人もついてこないからです。

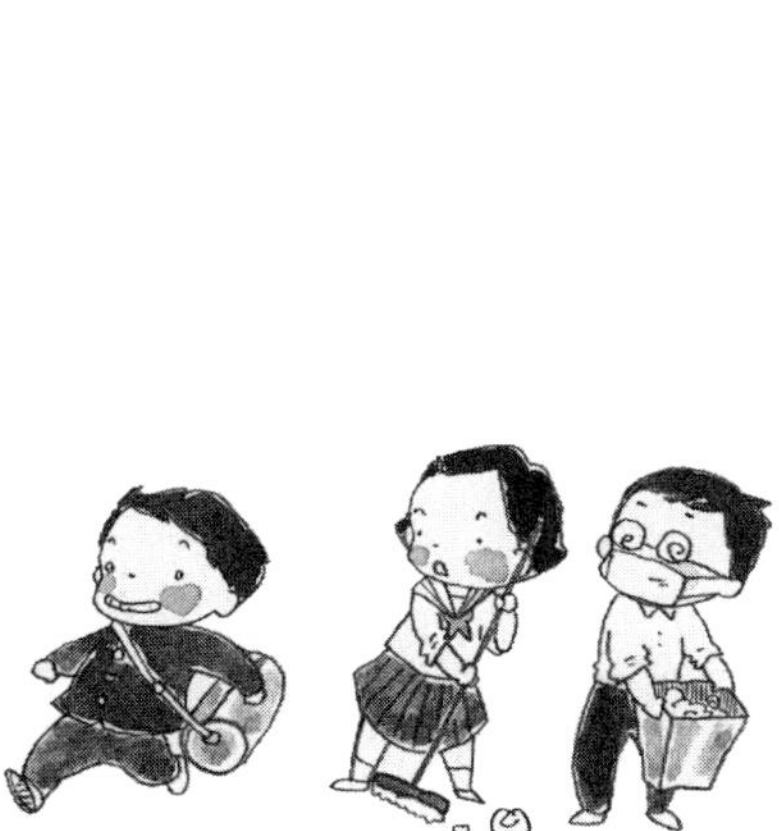

Q46 PTAに対する不満をどのように解消するべきか？

ＰＴＡへの参加を時間の無駄であると考える人がいます。本当にそうでしょうか。もし、税金を払うのがお金の無駄であるのであれば、ＰＴＡの活動に参加するのも時間の無駄といってていいかもしれません。

しかし、税金はまったくのお金の無駄というわけではありません。税金によって、道路や堤防など、社会のインフラが作られているからです。ＰＴＡもまた同じで、ＰＴＡがあることで子供たちの学校生活が豊かになっている面は無視できません。

ですから、税金の支払いもＰＴＡへの参加も、どちらもめぐりまわって私たちの利益につながっています。そして、誰か一人が税金の支払いやＰＴＡ活動のお手伝いを拒否しても、制度としてはとりあえず続いていきます。

「税金を支払っていないから舗装した道路を歩いてはならない」とか、「お宅の子どもは運動会に参加させません」とか、そういった事態が起きることはまずないでしょう。

しかし、たいていの人は負担を担わないことに対して、やましさや後ろめたさを覚えるはずです。自分が逃げたぶん、他の人に負担のしわ寄せがいってしまっているのだなと思えば、申し訳なく思うのが普通の感覚だからです。

　だからといって、自分が得ている利益以上に献身的にボランティアすると損をした気分になるというのも、また普通の感覚かもしれません。そのため、負担は「公平」に応分するべきだとの声が強くなり、ＰＴＡの「義務」化に一役かっています。

　このようなジレンマがＰＴＡ問題の中核にあります。

　整理しましょう。もし多くの人が「無駄」であると考えて、税金の支払いやＰＴＡの活動から逃げるようになると、制度が崩壊して組織が維持できなくなってしまいます。国家やＰＴＡという組織自体がなくなっても構わないとまで考える人は少ないでしょう。

　そのため、全員で少しずつ負担を担うために、ＰＴＡの活動が「義務」となって、柔らかな「強制」が行われるようになりました。しかし「義務」や「強制」となってしまったために、ＰＴＡの活動がますます魅力のないものに見えてしまっています。人間は、自分の意志とは無関係に、他人から命令されて何かをやらされることを好まないからです。

　そのため、ＰＴＡはやはり理念に立ち返って、自主的な参加による活動にするべきではないかとの議論もあります。構造としては、やはり税金と同じです。「私たちの街の道路を歩きやすくするために寄付してください」と言われれば、積極的にお金を出そうという気分になりますが「使い道は決まっていませんが街の運営のために税金を徴収します」と言われれば「できるだけ少ないほうがいいな」と思ってしまうのが人間というものです。

そこで、できるだけ政府は小さくして税金を少なくした方がいいし、ＰＴＡも同様にできるだけ小さくして負担を小さくしてほしいと望む人も結構いるわけです。必要なことがあれば、自主的な活動を中心にして解決したほうが楽しいし、参加者も成長すると考えるからです。

もちろん、その考えに反対の人もいます。人間はそれほど利他的な存在ではないので、ある程度は「義務」や「強制」を課さないと、ＰＴＡの活動はどんどん小さくなって、いずれはなくなってしまうに違いないと考える人たちです。

ＰＴＡを、会員の善意と自主性を当てにした自由な組織にしたほうが良いのか、それとも、永続的な仕組みにすることを考えて薄く広く「義務」を分散して「強制」したほうが良いのか、この問題に対して、簡単に答えを出すことはできません。「ＰＴＡは自主的な参加であるべきだ」と主張する人の中には、「その方が活動が活性化する」という大義名分だけでなく「ただ自分が参加したくないだけ」という人もいるかもしれません。一方「ＰＴＡは義務にした方がいい」と主張する人の中にも、「自分は我慢して参加したのだから、みんなにも負担を押しつけたい」とネガティブな負の連鎖を拡大させようとする人がいるかもしれません。

読者のみなさんで、それぞれどうあるべきかを考えてみてください。

Ａ46　**それぞれのＰＴＡ会員が、自らのＰＴＡの理想の姿を考えてほしいと思います。本書がそのための材料になれば幸いです。**

Q47 ＰＴＡは自動入会を止めて、いちいち入会申請書を書いてもらったほうがいいのか？

ＰＴＡは原則として任意入会ですが、現状、特に会員に対して入会申請書を書いてもらうことなく、保護者と教員は自動的に全員入会としている組織が多くあります。

これに対して、任意入会であることを周知徹底して、会員に加入前に入会の意志を問うたほうがいいのではないかという議論が、かなり前から起きています。実際、形式的にではあれ、入会申請書を書いてもらっているＰＴＡも少なからず存在しています。

しかし、これまで自動入会を是認してきたＰＴＡが、規約を改正して、任意入会にしたという例はそれほど多くありません。しばしば、自動入会のＰＴＡに不満を持つ会員が、退会の意志を執行部に突きつけることがあるのですが、多くはその会員の個人的な問題として退会を認めるのにとどまっているようです。

なぜ、多くのＰＴＡは自動入会を続けるのでしょうか。代表的な意見をご紹介しましょう。

『会員の中から「規約を改正しよう」あるいは「入会申請書などで入会の意志を確認しよう」という大きな声が上がらないから、現状を維持している。』

最も多い「公式見解」がこのようなものです。なるほど、たしかにＰＴＡはそれぞれの会員による自主運営ですから、組織に何らかの変化を起こそうというのであれば、まず、会員の中から提議があって、その後に総会で承認されなければなりません。

作家の川端裕人さんは、子どもの通う小学校のＰＴＡで副会長になり、任意入会の明示化を実現しようとしたのですが、役員会の同意を得られず叶わなかった、と著書で明らかにしています。一会員として総会で提議しても駄目だったそうです。

つまり、ＰＴＡ会員の中には、積極的な意志をもって「自動入会」を続けたいと考える人がかなりの数で存在していることになります。その理由はどのようなものなのでしょうか。

『わざわざ「入会するか否か」を確認するようになると、現状よりも、入会する人が減ってしまうだろう。すでに規約もしくはＰＴＡの説明のどこかに「自由参加である」旨を（目立たないように）書いてあるのだから、どうしても退会したい人は退会するだろうし、それ以上、積極的に告知して回る必要はないはずだ。』

実際のところ、規約にも説明にも「自由参加」と書いていないＰＴＡも多いのですが、それはともかく、このように「寝た子を起こすな」という意見もかなりの割合で存在しているようです。

たしかに、退会したいと言ってきた人を「なにがなんでも退会させない」と縛るＰＴＡはそれほど多くないのでしょうが、なんとなくもやもやするのは私だけでしょうか。

「民は之に由らしむべし知らしむべからず」という言葉があります。

これを「民は従わせるだけでよくて、知らせる必要はない」と訳すのは、厳密には間違っているそうですが、長いことそのように使われてきました。

おそらく、PTAの側にそこまでの意識はないでしょう。問い合わせれば「みなさま当然、『自由参加』であることを理解したうえでご参加いただけているものと考えています」と返ってきそうです。そう、たしかに、声を挙げずに黙っている会員に、抗議する権利はないのかもしれません。

「保護者をできるだけ多くPTAに組織化することは良いことである」この命題は決して間違っていませんし、私自身もそう信じています。それでも、自動的な入会が良いとはまだ思えません。

『入会申請書を書いてもらうようにしても、どうせ現状と同じでほぼ全員が入会するのだから、意味がない。だったらその手間を省いて、自動入会のままにしておいたほうがいいだろう。』

たしかに、入会の意志を確認しているPTAでも、すべての保護者が一人残らず加入しているというところは少なくありません。たまに入らない人がいると「変わった人がいるね」と話題になるくらいだそうです。

この事実をもって、では、すべてのPTAにおいて、保護者はみな喜んで入会していると考えてよいものでしょうか。私はそうは思いません。むしろ「変わった人がいるね」と言われるのが嫌なために、深く考えずにPTAに入会している人が多いと見るべきではないでしょうか。

これを〝同調圧力〟などと言います。

特に理由はなくても「みんな入っていますから」などと示されると、私たちはつい「入らないといけない」かのように感じてしまうものです。たとえ、それが任意であっても。

近年になって、自動入会から任意入会へとＰＴＡ改革を成し遂げた岡山市立西小学校ＰＴＡでは、その入会率は毎年95％前後にとどまっているそうです。たとえ５％といえども数十人にのぼる人数が入会しないことを選択しているのですから、その人たちの意志が無視されていいわけがありません。

『もし入会が自由であることをおおっぴらに告知して、ＰＴＡに入会する人が減って、組織が成り立たなくなったら誰が責任を取るのか。』

たしかに、そのような重大な決断を下して、何か問題が起きたとしても、自分には責任が取れないとためらうＰＴＡも多いことでしょう。

なにしろ、ＰＴＡは永続的に続いていくものです。「いまここで軽率に下した決断によって、後代の人たちに多大な不利益がもたらされることは避けなければならない」と考えるのはもっともなことです。

しかし、ＰＴＡは民主的な組織ですから、誰かの一存ですべてが変わるわけではありません。自動入会を任意入会に変えるような大きな変化は、当然、総会で圧倒的多数に決議されなければ実現できないでしょう。だとするならば、誰かが個人的な責任を問われることはないはずです。

責任を取らなければと感じる気持ちはわかりますが、会員の総意であるならば変えるべきですし、将来的に、その決断が不利益を引き起こしていると判断されたのであれば、またそのときの会員の総意で元に戻せばいいだけの話です。組織の未来永劫にわたって、一個人が責任を持つ必要はありません。

『PTAの意味は、自発的な入退会だけにあるわけではない。むしろ、誰もが参加しているという「場所」(共同体)を維持することに意味がある。だから、何と言われようと今の状態を変えるつもりはない。』

たしかに「居場所」をつくり、維持することには大きな意味があります。「保守」的な人々の言うことにも、「革新」的な人々の言うことにも、どちらにも意味があります。本書が大きな問題提起になることを祈ります。

A47 性急に結論を出す前に、どちらが良いかをそれぞれのPTAでじっくりと話し合ってみませんか?

Q48 自動入会と任意入会のメリットとデメリットをそれぞれ教えてください。

自動入会と任意入会は裏と表の関係にあるので、片方のメリットはもう片方のデメリットになります。

自動入会における最大のメリットは、会員数の確保です。有無を言わさずに全員をＰＴＡ会員に組織化できることで、毎年の会費収入が安定しますし、ＰＴＡ活動のための人員も最大限に確保できます。

また、保護者の全員がＰＴＡに組織化されていることで、ＰＴＡは保護者の代表としてどこにでも出ていくことができますし、ＰＴＡが何かを行うときにも保護者の総意を錦の旗印にできます。

自動入会のメリットは、そのまま任意入会のデメリットになります。

任意入会では、毎年どれだけの人が会員になってくれるのか、ふたを開けてみるまでわからないので運営が不安定になります。ただし、実際に任意入会に変更したＰＴＡでは、毎年95％前後の方が入会してくれているようなので、それほどの心配はいらないかもしれません。

では、任意入会、つまり加入時に入会の意志を問うことで、どのようなメリットがあるのでしょうか。

まず、入会の意志を加入時に問うことで、少なくとも自分の意志で参加したとの自覚を持ってもらえます。加入するかしないかとの判断を最初に問うことで、PTAとは何かを考えてもらうきっかけにもなります。そのうえで加入してもらうので、会員のPTAに対する理解が深まり、活動にも積極的になってもらえます。

自分の意志で加入することで、会費の使い道や活動の中身についてより興味を持ってもらえるし、活動への積極的な参加も期待できるようになります。

逆に、活動に非協力的な人に対しては、「自分の意志で入会した」ことを思い出してもらうこともできるでしょう。また、本当に非協力的な人は加入しないか、あるいは自主的に退会することになるでしょうが、そのほうが組織内部の士気を高めるためにはよいかもしれません。

さらに、任意入会が周知徹底されている場合は、PTAで嫌な思いをして辛いという人に、退会という逃げ道がいつでも用意されますので、制度として健全です。

自動入会という現状のままでも、ほとんどのPTAでは、個人的にPTA会長と校長に宛てて退会の意志を伝えて交渉することで何とか退会は可能ではありますが、ハードルが高すぎて乗り越えられない人が多くいます。

そもそも、自動入会が前提となっている場合は、退会が可能であることを知らない人が多いので、ビジネス用語でいえばコンプライアンス（法令遵守）にも問題があります。もし入会を強いているＰＴＡがあれば、それは憲法違反の可能性があると、憲法学者の木村草太さんも指摘しています。

もちろん、退会が自由であることを告知することと、退会を勧めることとはまったく異なります。任意入会の告知に反対をする人の中には、告知がまるで退会の勧めであるかのようにとらえている人も見受けられますが、それは誤解です。

任意入会を周知徹底することは、ＰＴＡへの入会の勧誘活動の強化と同じことです。全員が自動的に入会するわけではないからこそ、全員に入会をお願いすることが必須になります。そのためにはＰＴＡの意義や活動について説明しなくてはならないので、会員の理解がさらに深まることでしょう。

自動入会の形式をとっているＰＴＡの多くは、明確なかたちで「ＰＴＡに入会してください」とお願いすることはありません。そのようにはっきりと言うと「じゃあ、入会しなくてもいいのか？」との疑問を保護者に抱かせてしまうからでしょう。

退会の自由を曖昧にしてしまうことは、入会の意志をも曖昧にしてしまうため、ＰＴＡ会員の士気（やる気）の低下という事態を招いています。

人は、自動的に与えられたものよりは、自分で選び取ったものの方に価値を感じるものです。子育てを経験された方ならよくご存じかと思いますが、子どもに何かを「やりなさい」と押しつけてやらせた場合と、本人が自ら「これをやる」と選んだ場合とでは、後者のほうがやる気

PTAの入会形式に関するメリットとデメリット

	自動入会	任意入会
会員数	○	
収入	○	
組織の影響力	○	
組織の士気・やる気		○
会員のPTAに対する理解		○
コンプライアンス		○

もスピードも格段に高くなります。

また、全員入会ではなく、自分で入会することを選んだ人だけで構成した場合、たしかに組織の人数は少なくなるかもしれませんが、その士気は大きく高まります。

たとえば、20歳以上の成人の全員に自動的に選挙権が与えられる現在の衆議院議員選挙では、投票率は60～70％前後しかありません。

ところが、一定額以上の税金を納めた25歳以上の男性にしか選挙権がなかった明治・大正時代には、15回行われた衆議院議員選挙のいずれにおいても、85～95％という高い投票率がありました。

誤解のないように書いておきますが、私はPTAに加入する権利を性別や納入会費の金額で制限するべきだと述べているわけではありません。加入の意志を示すかどうかによって入会を制限することで、会員の自覚が高まって組織が強くなると考えているのです。

もちろん、これまで長年にわたって自動加入を続けてきたPTAでは、自動加入を前提として仕組みができてしまっているでしょうから、そのあたりの問題を解決することも必要です。

たとえば、PTA会費で購入している運動会の参加賞などについて、非会員世帯の子どもたちへの扱いをどうするかなどです。これについては、実費徴収を行うのが、多くの人の納得する解決策になるでしょう。

また、全員加入であることを前提として、学校への資金援助を多大に行ってきたＰＴＡの場合には、寄付金そのものを見直すよい機会になるかもしれません。あるいは、ＰＴＡからの資金援助によるものには、ＰＴＡの組織名を入れてもらうことも一つの案です。

以上の記述からもわかるように、私は、ＰＴＡの任意入会の周知徹底には賛成の立場をとっています。

入会申請書の形式をとると、加入者が少なくなると懸念されるのであれば、当初は「入会したくない人はその旨を申請してください（いつまでに提出しないと、自動的に入会の手続きを進めます）」という形式からはじめるとの手もあります。

いずれにせよ、少なくとも入退会が自由であることを全会員に知らせることは、学校という教育組織およびＰＴＡが、嘘やごまかしを行っていないことをはっきりと示すよい機会であり、児童へ与える教育的影響も大きいものと考えています。

Ａ48

メリットとデメリットの両方を考慮にいれて判断するべきですが、個人的には任意加入を周知することが「正しい」と考えています。

Q49 ＰＴＡの改革をしようとしていろいろ提案しても、みんなの反応が悪い。どうしたらいい？

ＰＴＡは基本的に保守的な組織です。グロービス経営大学院准教授の川上慎市郎さんは、その理由について次のように述べています。

「ふつうの企業は、お客さまに価値を提供しないとお金がもらえないですけど、ＰＴＡは黙っていても会費が入ってくる。だったら『何事もなくやりすごしたほうが勝ち』ということで「前例踏襲」になりやすいんです。」

たしかに変革はリスクを伴います。リスクをとる価値があるだけのリターンが得られると思えば変革は進みますが、ＰＴＡにおいては金銭的なリターンはありません。あるとするならば「みんなが楽しくなる」、「組織の風通しがよくなる」といった精神的な満足があるのでしょうが「誰かに文句を言われる」、「思ったほどの成果が上がらない」などといったリスクを思えば、二の足を踏みたくなる気持ちもわかります。

もちろん、最近はやる気のある人がＰＴＡの役員を引き受けることもありますから「手間がかかっても後々のために今ここで改革をしよう」との機運が盛り上がることもあります。そのような場合であっても、古参の役員の一人が反対意見を述べるだけで、改革案が採択されずに立ち消えになってしまうことがあります。

その理由は、一人でも反対の人がいるのであれば、改革案への変更は不適当だと考えられてしまうからです。現状の制度は、すでに走っているものですから、消極的ではあれ全員が認めているものになります。つまり反対者のいない案です。それに対して、反対者が一人でもいる改革案は、全員に認められていないという意味で、現状の制度に劣っていることになってしまうのです。

ゼロベースで考えた場合には、明らかに改革案の方に賛成者が多いと思われる場合であっても、一人でも反対者がいれば、すでに全員が認めてしまっている現状の制度を変えることはなかなかできません。そのため、ＰＴＡの改革を進めるにあたっては役員全員の賛成をとりつけるか、「改革をしよう」という意見の一致が見られるまで話を煮詰めるかしかありません。

また、ＰＴＡでよくみられる光景として「新しい意見に反対をするために公平論を持ち出す」ことがあります。

たとえば、参加費を徴収するようなイベントの提案は「低所得家庭にとって公平じゃないから」などと言われて反対されます。

発案者のスキルを十分に活かした企画なども「来年以降に同じことができないし、そうすると来年以降の会員に対して公平じゃないから」などと言われて反対されます。

そのうちに「他の人が意見を言わずに黙っているのに、あなたの意見だけをとりあげるのは公平じゃないから」などと言われてしまいそうです。

反対者が一人いれば提案が採択されないのも、基本的には「公平でなくなるから」です。

しかし、「公平」とは、立場や視点を変えることで、どのようにも使えてしまう言葉ではないでしょうか。私は「反対のための反対」はやめましょう、と提案したいです。どのような提案に対しても、反対しようと思えばいくらでも、その根拠は見つかります。


とはいえ、既存の制度に固執しようとするPTAの構造的な力はあまりにも強すぎるため、しばしば改革を試みた人が、挫折して役員会などを去ることになります。

作家の川端裕人さんは、当初はPTAを改革しようと奮闘したのですが、内部の猛反対にあってかなわず、最終的には退会を選んだと述べています。

現状を維持するのが、ベストではなくベターであるという構造は、PTAばかりでなく私たちの生活のどこにでもあらわれます。

たとえば、現在の職場に不満があっても、転職によって環境が変わることのリスクを考えて、職場にとどまり続けている人は多いと思います。あるいは、配偶者に不満があっても、離婚して新たな結婚という選択肢を取る人はほとんどいません。

現状への不満は、環境を変えることよりも、自分を適応させることで改善しようと考える人が多いですし、それは必ずしも悪い選択肢ではないでしょう。

改革にはリスクがつきものです。それでも、どうしても改革をしたいという方は、まずPT

A内部に入って、制度の欠点を、全員がはっきりとわかるように見せることで「改革した方がいいよね」との合意をとりつけることからはじめましょう。

特に問題を感じていない人たちの中に、たった一人で入って、いきなりいろいろな改革案を提示することからはじめると「いったい何を言っているんだ？」という目で見られることはまちがいありませんし、度が過ぎれば仲間外れにもされかねません。

ＰＴＡによっては、運営メンバーが穏健であるために、問題が顕在化していないこともよくあります。あるいは問題があったとしても、我慢できるレベルにまですでに軽減されていることも少なくありません。そのようなバランスのとれたＰＴＡで、さらなる改革を進めようとしても、なかなかみなの腰は上がらないでしょう。

しかし、あまりにも旧態依然としたＰＴＡで、苦しんでいる人が多く、制度がきしみはじめているときには、その苦しんでいる人の姿をアンケートなどで誰の目にも見えるようなかたちに顕在化してみましょう。そして全員が「これは問題だね」と感じるようになれば、そのときにはじめて、どのような「改革」ができるのかという話し合いに移れるはずです。

公立小学校のＰＴＡ会長を10年間つとめたという川上慎市郎さんは、年度初めの役員会で、みんなの思いを訊いたうえで、今年1年の目標をはっきりと決めて「コンセンサスをつくる」ことが大切だと語っています。そのうえで「最後の責任をおれがとる」とリスクを肩代わりすることの大切さにも触れています。

ＰＴＡを変えることは決して楽なことではありません。現在の会員だけでなく、過去にＰＴＡをかたちづくった人々の思いまでも変えていかねばならないからです。しかし、役員会全員が「改革」という目的に向かって協力しあえば、決して変えられないというほどのものでもありません。

どうしても理解が得られなければ、いまはその時期ではないのです。辛いかもしれませんが、後の人たちに期待して身を引きましょう。ＰＴＡはあくまでもボランティア活動です。できる人が、できるときに、できることをやればいいのです。

A49

ＰＴＡは一人では変えられません。
どうしても駄目なときは、
後の代に期待して撤退する勇気も大切です。

Q50 これからのＰＴＡはどのような姿が望ましいの？

これからのＰＴＡはどうあるべきかについては、また別の対立軸があります。ここでは片方を理想追求派と呼び、もう片方を現実改善派と呼ぶことにしましょう。

理想追求派は、全国ＰＴＡ問題研究会に代表されるように、ＰＴＡをもともとの理念に基づく民主主義の教科書に立ち返らせることを望みます。

その内容は、ＰＴＡが任意入会のボランティア組織であることを前提に、各会員が積極的に「子どものため」の活動に取り組むとともに、お互いに切磋琢磨して教育や食育の学習も行い、かつスポーツなどのレクリエーションを通じて会員相互の交流も深めるべきだとするものです。

理想の追求は美しいのですが、発足から40年経つ全国ＰＴＡ問題研究会が、相変わらず同じ提言を続けていることを思えば、成就にはほど遠いと思わざるをえません。

一方、現実改善派は、ＰＴＡの理念や成り立ちはひとまず脇においといて、目の前の自分のＰＴＡの問題を一つずつ、できるところから地道に改善していこうとします。

たとえば、役員や委員の成り手がなかなか見つからないのであれば、仕事を減らして必要な人手を減らそうとか、時代に合わなくなった不要な活動があるようであれば思いきって廃止してしまおうとか、理想から物事を語るのではなく、目の前の現実から物事を変えていこうとしています。

ＰＴＡの理念から考えるのであれば、理想的なＰＴＡとは、保護者や教員を組織化して、成熟した市民を育てて、ときには行政に対して教育運動を行っていくことまで視野にいれていますが、現実には、保護者と教員の両方に、ＰＴＡそのものに興味をもってもらう段階でつまずいているところがほとんどです。

そこで、現実改善派は、まず、多くの人がＰＴＡから距離をおきたがっているという現実をベースに、それでもＰＴＡを存続させていくためには何が必要かと考えます。考えた末にでてきた答えが「今や、多くの保護者はＰＴＡ活動を望んでいない。だからといってＰＴＡを廃止することもできない。であれば、本当に必要な活動だけを厳選して、組織を縮小することで存続をはかろう」というものでした。

こうして、近年、現実改善派による穏健なＰＴＡ改革が、各地で進められています。その方向性は、多くの保護者が望むものでもありましたから、さしたる抵抗もなくおおかたは歓迎されました。

しかし、現実改善派の行うＰＴＡ改革は、理想から離れているＰＴＡの現実を是認するものでしたから、理想追求派から見れば、はなはだ不十分ですし、しばしば理念と逆行しているようにも感じられます。

たとえば、現実改善派はＰＴＡの委員会のいくつかを廃止してしまいます。委員会方式で各クラスから委員を選び、定期的に委員会を開催することは、会員にとって負担であると判断するからです。また、委員会での話し合いは盛り上がらず、新しい提案も出ることが少ないため、実質的に開催する意味がないとの判断もあるでしょう。

委員会を廃止すると、その委員会が担当していたイベントが宙に浮いてしまうので、代わりにそのイベントを開催するための少人数の運営班を起ち上げます。委員会を小さな運営班にすることで、まずスタッフの人数が削減できます。そしてイベント当日のお手伝いは、別途、その日のみのボランティアとして募集します。つまり、薄く広く負担を分担しようというのです。年間を通して委員をやってもらうのは大変ですが、当日と前日程度のお手伝いであれば、ＰＴＡ会員の中から人手を見つけることは比較的容易です。会員のほとんどは、ＰＴＡに何からの貢献をしたいと思っているのですが、これまでの役員や委員は負担が大きすぎて受け入れられなかったのです。

しかし、理想追求派から見ると、委員会の廃止は、ＰＴＡ会員の話し合いの場をなくし、活動を停滞させるようなものに見えます。本来であれば、毎年の委員会で、その年のイベントには何を行うかを決めなければならないのに、どうせ例年、同じイベントをやっているのだからと、イベントを固定化して仕事を簡略化しているからです。

また、現実改善派はしばしば、子どもと無関係であるからと、バレー部やコーラス部などの大人だけの文化活動を軽視しますが、理想追求派から見れば会員相互の交流をはかることは組織を強くするためには欠かせないことです。

本書ではしばしば、ＰＴＡは「子どもの健全な成長をはかる」ことを目的にしていると書いてきましたが、習志野市立秋津小学校の元ＰＴＡ会長である岸裕司さんは、このような規約の目的を初めて見たときに「おかしい」と感じたそうです。「ＰＴＡは、会費を払う保護者と教職員のための団体なんだから、『子どもの健全育成』よりも先に『保護者と教職員の資質向上』があるべき」と思ったのだそうです。

そこで「ＰＴＡ規約を見直す会」に加わり「会員相互の理解と資質向上をはかる」ことを目的にするよう、規約を改正してしまったそうです。

自らの会社を経営する岸さんは、ビジネス感覚として、会員のメリットが前面に押し出されていない会に、会員が喜んで入りたがるわけがないと感じたのです。

このエピソードは現在のＰＴＡを考えるうえで非常に示唆的なものです。「子どものため」と言われれば、たいていの親は義務的に入らざるを得ません。しかし、そこでやることが「子どものため」を盾にした単なる無償労働であれば、楽しいと感じられるはずもありません。いきおい、ＰＴＡは「義務」となり、できるだけ早く効率的に「務め」を終わらせて、二度とかかわりたくないものになってしまいます。

しかし「子どものため」以前に「自分のため」になるようなＰＴＡがあったとすればどうで

しょう。本当に「自分のため」になるような会であれば、会員は喜んで活動に参加するでしょう。その理想を実現させたのが、岸さんの秋津コミュニティです。

秋津コミュニティは、秋津小学校の一室や畑用敷地を借りて運営されている、地域の大人たちのための生涯学習団体です。小学校に地域コミュニティがあることで、地域の大人たちの授業への参加、合同運動会、各種イベントなどが連携して無理なく行え、地域による子育てが復活しているそうです。

理想追求派は「そもそもPTAは日本に民主主義を根づかせるためにつくられたものであって、学校のお手伝いや子どもたちへの奉仕活動はメインではない」と考えています。一方の現実改善派は「現在のPTAが担っている役割、つまり学校のサポートこそがPTAのやるべきことである」と考えています。

両者はともに、現在のPTAには改革が必要だと考えているのですが、その方向性は意外と異なります。

入会の形式についても両者の考え方は異なります。理想追求派は、理念や原則を重視しますから「任意入会を周知徹底すべきである」と考えています。一方、現実改善派は、それほどにドラスティックな改革を行うと問題が起きる可能性があるから、「退会したいと言ってきた人だけを退会させればいいんじゃないか」と曖昧な態度に終始します。

両者の考えはしばしば相容れないのですが、現実改善派の方が圧倒的多数であるために、対立が表面化せずにすんでいるようです。

さて、これからのＰＴＡがどのようにあるべきかについては、私がここで答えを出すことではないでしょう。私の中には理想を追求する気持ちも、現実を大切にする気持ちもともにありますから、どちらが正しいと言うつもりはありません。

ただ、私の「理想」を言わせてもらえれば、それぞれのＰＴＡで民主的に話し合いを行い、自分たちで決めていくことが最も良い方法なのではないかと考えています。文部省やら教育委員会やらマスコミやらといった、上からの指示命令であるべき姿が押しつけられるのはＰＴＡの理想からは最も遠いものと言えるでしょう。

A50

それぞれのＰＴＡの話し合いによって、それぞれのＰＴＡにおいて最も望ましい姿がつくられるのが理想だと思います。

ＰＴＡ改革事例　その１
平川理恵さんの場合

ＰＴＡ活性化のコツは活動の動機づけにあり

やりたい人が少なくて停滞していると言われるＰＴＡ活動ですが、時代にあわせた改革を行えば活性化はいくらでも可能です。公立小学校でＰＴＡ会長を務める平川理恵さんは、仕事が公立中学校の校長であるため、二つの学校でＰＴＡにかかわり、教育改革に取り組んでいます。

校長として「開かれた学校」づくりを目指す

理想のＰＴＡはどうあるべきか、どのようなＰＴＡが望ましいのか、そんなふうに肩肘張って考える前に、まず現場に入ってみましょうと提案してくれるのが、東京都大田区の公立小学校でＰＴＡ会長を務める平川理恵さんです。

平川さんは、仕事では横浜市の公立中学校で民間人校長として働き、家庭ではシングルマザーとして一人娘を育てるパワフルな女性です。両親の献身的な手伝いがあるとはいえ、通常であれば、激務のＰＴＡ会長など辞退しても何の文句も言われない境遇のはず。いったい、どのような経緯でＰＴＡにかかわることになったのでしょうか。

平川さんが、経営していた会社を売却して、大阪市と横浜市の民間人校長に応募して合格したのは２００９年のことです。翌２０１０年の４月、平川さんは女性初の公立中学校民間人校長として、娘さんは公立小学校の１年生として、それぞれの学校で新年度を迎えました。

娘の保護者として入会することになった小学校のＰＴＡでは、早速、委員選出が行われましたが、校長としての仕事も始まったばかりの平川さんは「来年度以降にやります」と話して、１年目は役につきませんでした。ボランティア活動もしている平川さんですが、当時はＰＴＡにはそれほどの興味が湧かなかったといいます。

一方、職場では校長としてＰＴＡの一員となり、役員会や運営委員会に出席します。そこで知ったのが、学校運営においてＰＴＡが果たしている役割の大きさでした。

学校には、掃除や事務など想像以上に雑務が多くあり、教員から本来の教育にかける時間を奪っています。仕事をボランティアでお手伝いしてくれるＰＴＡは学校に欠かせない存在ですし、学校と家庭が教育で連携するという点でも大切なものでした。

平川さんも、外から見ていたときには、「学校の先生は長期休みもあって楽でいいな」と思っていたのですが、とんでもありません。掃除一つとっても、生徒の雑な仕事の後始末を先生方がやられていますし、少しでも子どもに問題があればすぐに集まって遅くまで対応を話し合っているのです。

とはいえ、ＰＴＡはあくまでもボランティア活動です。嫌々やってもらうものではありませんから、平川さんの方から「あれをしてほしい、これをしてほしい」と無理に押しつけることのないよう、適切な距離をとることを心がけていました。

一方、「自立貢献」できる子どもたちを育てたいと、のぞんだ校長1年目で、平川さんは、子どもたちが主体的に動けるようになるためには、学校を「開く」ことが必要だと感じます。そのために導入したいと考えたのが文部科学省の推進するコミュニティ・スクール（学校運営協議会制度）でした。

コミュニティ・スクールとは、学校運営や教育活動に、保護者や地域の方や民間の有識者の意見をとりいれようという仕組みです。ＰＴＡ会長などの保護者代表、町内会会長などの地域住民代表、そして校長や副校長などの学校代表、および学識経験者などからなる学校運営協議会を定期的に開催し、学校の「ご意見番」や「応援団」になってもらうものです。

２０１１年に起ち上げられた学校運営協議会は、やがて、地域の方に学校の運営のお手伝いをボランティアでしていただくための学校支援本部の設立にもつながりました。ＰＴＡに頼むには負担の大きい、図書室の整備や校庭のグリーン整備、また家庭科の調理ボランティアや理科室の実験アシスタントなどに、地域の方に入っていただいて「開かれた学校」づくりを目指しているそうです。

ＰＴＡ会長としても「開かれた学校」づくりに取り組む

自らの勤める中学校で、コミュニティ・スクールの起ち上げに手ごたえを感じた平川さんは、娘の通う小学校もよりよい環境に変えられないかと、ＰＴＡ活動に参加するようになります。娘が小学３年生のときに学級委員となった平川さんは、翌２０１３年に、推薦委員に声をかけられてＰＴＡ会長になります。保育園時代の仲間にも声をかけたので、その年の役員は９人中６人がフルタイムで仕事を持つ母親で占められました。

「開かれた学校」づくりをめざして会長になった平川さんがまず行ったのは、多くの会員がもっと学校にかかわりたくなるような組織づくりでした。そのために必要だったのはＰＴＡがどんな組織なのかを明確にする理念です。

平川さん自身、会長になってみるまで、ＰＴＡがいったい何をめざして何をやっている組織なのかよくわからなかったそうです。そこで、役員全員で話し合って決めたのが「できるときに、できることをOnly for Kids（子どもたちだけのために）」という理念でした。というのも、そのＰＴＡには、大人のバレーボール部やコーラス部など、子どもたちの成長に直接は関係がないと思われる活動が多くあったからです。

もちろんＰＴＡの目的の一つは「成人教育（生涯教育）」です。しかし、ＰＴＡの役員や委員をやりたがる人が少ない理由の一つは、子どもたちと無関係のイベントにボランティアとして駆り出されることへの抵抗にあるのではないでしょうか。

平川さんのＰＴＡのように、目的を「Only for Kids」と限定することで、ＰＴＡの活動に参加する人が増えるのであれば、成人教育はとりあえず脇においといても良いのかもしれません。

次に行ったのは、ＰＴＡ活動の「見える化」でした。多くのＰＴＡにおいて、役員や委員の仕事というものは、就任してみるまでどんな仕事がどれだけあるのかわからないものとなっています。ときには毎週のように学校に行かなければならない「仕事」もあるのに、何の説明もないままに「やってくれないか」とお願いするなんて、民間企業ではありえないことではないでしょうか。

平川さんは、野村総研のコンサルタントをしている副会長の力を借りて、Ａ４用紙で14ページにわたるＰＴＡ活動の「見える化」資料を作成しました。そこで見えてきたのが、役員に課せられた「仕事」の膨大さでした。ＰＴＡには毎月何かしらの行事があり、そのために役員は月５～10回は登校しなければならなかったのです。

平川さんはＰＴＡ会長として、毎月のＰＴＡだよりで数多くのＰＴＡ会員に理念と改革の必要性を訴えかけるとともに、半年後の10月に、全ＰＴＡ会員に向けてアンケート調査を実施しました。その結果、ほぼすべての方が改革に賛同してくれていたので、思いきった取り組みを始めました。

改革の方向性は大きく分けると二つになります。一つは、本当に子どもたちのためになると多くのＰＴＡ会員が賛同してくれる活動の策定です。もう一つは、予算や人手などの限られた資源を有効に活用するための、活動のスリム化でした。

どちらについても、役員会だけで一方的に決めるのではなく、校長をはじめとする学校関係者、そしてすべてのＰＴＡ会員に課題と解決策を提示して、一緒に考えてもらうように努めました。

幸いなことに、その年の校長も教職員も、ＰＴＡ改革に非常に協力的でした。そのため、学校の周年記念行事のための積立準備金の取り崩しや、年間20万円の費用がかかっていた広報誌の廃止や、アルミ缶回収の中止など、役員会の提示した多くの改革案が、ほぼそのままのかたちで通りました。年度末に行った紙面総会（文書で行う総会）の結果、改革案に反対の手を挙げたのは4人だけでした。その4人とも個別に話し合いをした結果、最終的には納得をしていただけたそうです。

ＰＴＡは無理なく楽しくつづけるもの

平川さんが目的としたのは単なる業務の削減ではありません。廃止した広報委員会の代わりに、本当に子どもに必要なボランティアとして、図書室の整備を行う図書委員会を新設しました。当時の学校の図書室は蔵書も古く、掃除する人もいないために、埃っぽく乱雑な空間になっていました。理由の一つは大田区の教育予算の少なさです。そこでＰＴＡ会費で本棚や蔵書を購入し、子どもが本に親しめる環境づくりにＰＴＡの力を注ぎました。

こうした改革の結果、翌２０１４年の４月、各クラスのＰＴＡ委員選出では、これまでとうってかわって立候補者が増え、ほとんどの委員がすぐに決まったそうです。なかには、一つの委員に5～6人が手を挙げたためにじゃんけんやくじびきになったクラスもあったそうです。やりたくない人に役を押しつけるためのくじびきではなく、やりたい人の中から当選者を決めるためのくじびきとは、なんて健全なことでしょう。

２０１４年も引き続きＰＴＡ会長を務めている平川さんは、ＰＴＡには理念の明示による仕事の意義づけが最も大切だと学んだそうです。本当に忙しくてＰＴＡ活動に参加できない人もいますが、多くの人は子どものために何かしらの活動をしたいと思っていますから、モチベーションをつけてあげれば、ＰＴＡを活性化することはいくらでも可能です。

実際に、購入した本棚の製作や本の移動などの図書室整備に、休日ボランティアを呼び掛けたところ、少なくない数の父母が集まってくれたそうです。「子どもたちが読みたい本を手に取れる図書室を」という平川さんの理念に共感してくれる人が多かったのでしょう。

校長とＰＴＡ会長という組織のトップを兼務する平川さんですが、上からの一方的な指示命令や押しつけには疑問を呈します。ＰＴＡのようなボランティアは特に、楽しくなければ続かないと考えているからです。

その言葉どおり、職場でもＰＴＡの保健委員から「保健指導のための講習会は、例年、人が集まらなくて役員や委員に動員をかけているような状態だから中止してもいいか」と相談されたときには、あっさりとＯＫしたそうです。保護者への指導という教育目的は立派でも、無理に動員したところで効果が薄いとわかっているからでしょう。

一方で、自らがやりたいと思ったことについては、積極的に上層部に意見することもためらいません。娘の小学校では、ＰＴＡ会長として校長先生に「外部講師をとりいれた出前授業を企画してほしい」と提案して、何回もの面談の末にようやく理解してもらったそうです。

また、教育委員会、および教育長懇談会・区長懇談会に出かけて、大田区にコミュニティ・スクールを取り入れてほしいとお願いするなど、自らの教育理念の実現のためであれば、手間を惜しむことはありません。

校長としても学校支援本部を起ち上げて、地域住民のボランティアを数多く動員している平川さんは、人を動かす才能に長けているのかもしれませんが、本人は「周囲の人に恵まれただけ」と謙遜します。「何事も話し合ってみなければわからない」と前向きに取り組む気持ちが改革を成功させた秘訣かもしれません。

改革の1年を振り返った平川さんは「実際には反対はありませんでしたが、おそらく改革にいちばん反対するのは歴代のＰＴＡ会長というケースが多いと思いました。だから気づかれないように1年目にさっさとやりました」と笑います。たしかに過去のＰＴＡ役員には「自分たちが築いたものを壊された」と感じる人がいるかもしれません。

また、ＰＴＡ会長の多忙の原因となっている区Ｐ連の会合や区の会長会なども「1年目は真面目に出たけど、2年目は必要な議題のときにしか行かない」と、合理的に割り切っています。仕事や家庭を犠牲にしてまで続けるボランティアがあっていいはずがないとの考えによるものです。

真面目な人は、会長はみんなのお手本にならなければならないとつい自分を追い込んでしまいますが、その姿を見た周囲の人は、「ＰＴＡとは辛いものだ」と、余計に敬遠してしまいます。

なにしろ自分が楽しむことが、いちばんＰＴＡの活性化につながるのかもしれません。

ＰＴＡ改革事例　その２
山本浩資さんの場合

「平等の義務」という重苦しさを取り払いたい

みんなで「平等に」「公平に」を追求して、重苦しい「義務」や「強制」になってしまったPTAを、自発的なボランティア組織へと作り変えた人がいます。しかし、その道のりは決して平坦なものではなく、会長になってから3年間の月日が必要だったと言います。

改革をしたくても最初はとりあってもらえなかった

東京都大田区にある区立嶺町小学校は「どこにでもある普通の住宅街」の小学校です。

毎日新聞社の社会部で記者をしている山本浩資《こうすけ》さんが、そこのPTA会長を「やってもらえないか？」と、当時の推薦委員から声をかけられたのは、2011年末のことでした。若い頃は事件記者で忙しく、休日は家で疲れて寝ているだけで、子どもの幼稚園の行事にもあまり行ったことがないという山本さんが、PTA会長を引き受けることにしたのは、その年に起きた東日本大震災がきっかけでした。

震災の現地取材を通して山本さんは、「地域の力」「人と人のつながり」の重要性に気づいたのですが、自分自身は当時で7年間も住んでいた「地域」に、ほとんど知り合いもいなかったのです。そんなおりにやってきた「ＰＴＡ会長」の話だったので、地域活動をするいい機会だと感じて、引き受けることにしたのです。

ところが、何も知らずにその一員となったＰＴＡは、想像以上に重苦しい組織でした。まず4月に、各クラスから集まった委員の中から、６つの専門委員会の委員長・副委員長を決める会議があるのですが、誰もやりたくないものですから会議が進みません。例年はくじびきで決めているそうなのですが、それが良い方法だとは、山本さんにはどうしても思えませんでした。

さらに、総会、運営委員会、歓送迎会など、４月の頭からＰＴＡ会長を含む役員会の仕事量が膨大にありました。仕事内容を把握しようと「なぜ、これが必要なのですか？」、「なぜ、こういうやり方なのですか？」と聞くと「去年からの引き継ぎです」という答えばかりが返ってきました。

山本さんが良かれと思って行った提案は、「前例がないからやめたほうがいい」と、そのほとんどが反対されました。例えば「運営委員会の進行を自分でやりたい」という要望ですらも「副会長がやるものだから」と拒否されてしまいました。

通常であれば「そういうものか」と諦めるところですが、山本さんは納得しませんでした。「せっかく引き受けたけど、今の状態では楽しくない。それに、多くの人がＰＴＡを良いと思っていない。このままでは、10年以内に組織が崩壊するのではないか」

そう感じた山本さんは、できるところから手をつけていこうと、まずＰＴＡだよりを変えました。それまでのＰＴＡだよりは、文章が硬く形式張っていて、読む人が少ないのではないかと思ったので、話し言葉で柔らかく読みやすいものをつくったのです。役員会内部から反対の声も上がったので、当初は硬軟２パターンのＰＴＡだよりを同時に発行するなどの苦労がありました。

ちょうどその頃、仕事で「ブータンの国民は97％が幸せと回答した」という調査を取材した山本さんは、ＰＴＡでも同様の幸福度調査をしてみたらどうかと思いつきました。ところが役員会で提案しても誰も賛成してくれず、いったん廃案となりました。

それにめげずにもう一度、山本さんが提案したのが「もしドラ」です。映画にもなった組織管理小説『もし高校野球の女子マネージャーがドラッカーの「マネジメント」を読んだら』を参考に、「もしＰＴＡ会長がドラッカーの『マネジメント』を読んだら、「顧客」のニーズを知るためにマーケティングが必要だと思う」と主張したのです。

この「もしドラ」作戦は成功し、全18問のアンケート用紙が、教員も含めた全ＰＴＡ会員に配られることになりました。

全校アンケートというものは、通常６〜７割程度の回収率しかないのですが、このＰＴＡアンケートの回収率はなんと96％。書くことが多すぎて別の用紙をつけてくれた人もいるなど、ＰＴＡに対する不満の大きさがうかがえる結果になりました。

ることになり、嶺町小学校ＰＴＡの改革が本格的に始まります。それまでは「前例どおりにしたほうがいい」という意見が強く、山本さんの意気込みが空回りしていたのです。

ここでようやく「現状のままでは良くない」という問題意識が役員会のメンバーに共有され

最初の改革説明会には10人しか参加者がいなかった

ＰＴＡの改革というものは、会長が一人でがんばっても進むものではありません。なにしろＰＴＡの会長は、企業の社長と違って、何の権限もありません。単にＰＴＡという組織の代表であるだけで、発言権は一会員と変わらないのです。

そのため、本格的な改革は２年目に持ち越されることになり、１年目は、会議の数を３割減らしたり、各クラスから選出する委員の数を６人から５人に減らしたりといった、負担を多少軽減する程度の改革にとどまりました。

会長２年目を迎えるにあたって山本さんが最初に行ったのは役員会の人選です。ＰＴＡ改革をするにあたって、役員会の協力が不可欠だと学んだ山本さんは、推薦委員会にお願いして「改革」のビジョンに共感してくれるメンバーを集めてもらいます。

そうして始まった２０１３年度は、フルカラー印刷に変更したＰＴＡだよりで、全会員に向けて、改革の必要性と改革案をわかりやすく示すことに最初の１学期を費やしました。

山本さんが本業の記者職でつちかった、情報をわかりやすく伝える術が存分に活かされたＰ

TAだよりの数々は、今もなお嶺町小学校PTOの公式ウェブサイトで見ることができます。

紙面において、現状のPTAの問題点として挙げられたのは三本の「や」でした。それは「やらないといけない」、「やらされている」、「やらない人がいる」という、義務・強制・不公平の3つでした。

本来はボランティア組織であるはずのPTAが、「義務」とされることで生まれる「強制」は、活動を辛く苦しいものにしてしまいます。また「義務」だからと、いやいや参加しているのに、うまく逃れている人を見ると「不公平」ではないかとの、暗い思いも生まれてしまいます。すべての元凶は、「義務」化された活動にあります。

しかし、そもそもPTAが「義務」とされたのは、活動に参加する人が少ないからという背景があるはずです。「義務」ではないPTAがはたして成立するのでしょうか。

それを判断するための実験として山本さんが行ったのが、多摩川河川敷での「鬼ごっこ」イベントでした。フジテレビの人気番組『逃走中』の名前を冠したこのイベントを、PTAで企画して参加者を募集したところ、クチコミで噂が広まり、全校生徒約600人のうち350人が集まることになりました。

そして、あえて申込み方法をメールに限定しておいて、収集した各家庭のメールアドレスに向けて「当日はこのような仕事があり、お手伝いを募集しています」と流したところ、180人もの保護者がボランティアで集まってくれたのです。

もちろん、ただ漠然と募集したわけではありません。当日までに何度も進捗状況をメールして、具体的に「あと5人足りません」「あと10人足りません」などと呼びかけたことで、みんなの参加意識が高まったのです。

イベントは大成功でした。これをみた山本さんは、PTAの仕事は、強制しなくてもボランティアだけで成り立つと確信したそうです。

その後、役員会は改革案を練り上げ、PTAだよりを通じて全会員に案を提示するとともに、説明会も開きました。7月に行った最初の説明会は参加者が10人ほどしかいなかったそうですが、多くの人に見てほしいと動画を撮影して、ユーチューブにアップロードしてウェブサイトで告知し、誰でもいつでも見られるようにしました。

今もなお公開されている動画を見ると、山本さんがいかに真剣にPTA改革に取り組んでいたかがよくわかります。

こうして再び行われた全校アンケート（回収率は86％）の結果、改革に「賛成」は68％、「反対」は4％（残りの28％は「どちらでもよい」）となり、大多数の総意が得られました。11月に行った2度目の説明会には約80名の保護者が参加し、改革への関心の高まりも感じられました。

年度末の総会で最終的に採択された改革案は、すべての委員会を廃止し、その代わりにボランティアセンターと名を変えた役員会が、必要な仕事ごとにプロジェクトを組んで、ボランティアのサポーターをそのたびごとに募集する斬新な形式でした。

委員会が廃止されるということは、毎年４月に各クラスで行われる、くじびきやじゃんけんによる強制的な委員選出がなくなることを意味します。もちろん委員長も副委員長もいませんから、それらの選出のための苦痛な会議もなくなります。

その代わりにプロジェクトのリーダーを務める、ボランティアセンター（役員会）の人数が若干増えることになりましたが、こちらは公募と推薦で前年度のうちに決まっていますから、問題はありません。

ただし、少数であれ反対の声があることに配慮した結果、翌年度の１年間はお試し期間として、駄目だったら元のかたちに戻すことも約束しました。こうしてできあがったのが、今の嶺町小学校ＰＴＯです。

何かとネガティブなイメージのつきまとうＰＴＡという言葉をＰＴＯ（組織を意味するOrganizationのＯであるとともに、応援団の「おー！」でもある）に変えるとともに、権威の匂いのする「会長」という役職名も「団長」に、「役員会」も「ボランティアセンター」として、明るく楽しく、多くの人が参加したいと思う「ＰＴＯ」をつくりあげたのです。

ＰＴＡの改革には地域と学校の協力が不可欠

ＰＴＡとは、想像以上に保守的な組織です。何かを変えようとすると、すぐに「前の人が何らかの考えがあって決めたことだから」、「平等・公平でなくなるから」という声があがって、前例を踏襲することを求められます。

山本さんが改革にあたって気をつけたのは、過去のPTA経験者に対しての礼儀でした。PTAの仕組みを変えることは、どうしても、これまでのやり方を否定しているかのように受け取られてしまいがちです。

実際、運動会や卒業式で生徒たちに配る、鉛筆や図書カードなどの記念品を廃止したときには「余った会費を有効利用しようと一生懸命考えた制度で、子どもたちも喜んでくれているのにどうしてやめるの？」と、以前のPTA役員から直談判も受けました。

過去に一生懸命がんばってきた方を否定しているわけではなく、未来に向けて、よりよいPTAをつくりたいのだと説明したそうですが、100％納得してもらえたかどうかはわかりません。

そのほか「今の役員会が好き勝手なことをしている」、「PTAを壊そうとしている」などといった意見が、校長や教育委員会のもとへ何度か届いたと言います。山本さんは、独断専行にならないように、常に校長、副校長や役員会の同意を得ることと、地域の有力者の協力を得ることを忘れないようにしました。

たとえば、PTAで行っていた古紙回収を廃止するにあたっては、制度を始めたという35年前のPTA会長のところへ挨拶に行き「止めてもいいでしょうか」と同意を得ることもしました。始めた当初はＰＴＡも財政難で、リサイクルが一般的でなかったこともあり、古紙回収は良い収入源でした。しかし、時代の変化とともに、自治体なども古紙回収を行うようになったこと、会費だけで収入は十分であることを話すと、快く了承してくれたそうです。

教職員に渡していた結婚祝などの慶事費も、校長の同意を得て廃止しました。また、ＰＴＡだよりとは別にあった広報誌も、広報委員会とともに廃止して約30万円の印刷費を削減するなどの整理をした結果、年１００万円の支出削減になりました。その結果、年間３６００円のＰＴＡ会費を２４００円に減らすことができたそうです。これらの改革は、校長の協力がなければできなかったでしょう。

山本さんはＰＴＡ会長になったとき、ある人に「君は地域と信頼関係をつくる気があるのか？」と言われたそうです。その方の住む地域の小学校でＰＴＡ会長が1年に何度も変わったことがあり、ＰＴＡに対する不信感があったそうです。「その気があるなら、本気を見せろ」と言われた山本さんは、地域と徹底的につきあうことを決めました。

そして、地域とのつきあいが深かった先代のＰＴＡ会長に頼んで、町内会や商店会など、さまざまな地域の有力者のもとに連れて行ってもらい、挨拶をしたそうです。当初、１００枚つくったＰＴＡ会長の名刺は、10カ月でなくなりました。

「委員会をなくしてボランティアだけで回すなんて案は、山本さんが会長をしている今の役員会だからできることで、代が変わったら続かないのではないか」と批判を受けたときには、自分がいなくてもできることを証明しようと「今年度で会長を辞めます」と宣言したこともありました（結局「もう1年やってほしい」という声を受けて、3年目も続けることになりました）。

とはいえ、嶺町小学校の規約では会長（団長）の再任は2度までなので、2014年度をもって山本さんの会長生活は終わりとなります。来年度以降は、いちサポーターとしてお手伝いをするそうです。

「PTAにかかわっていちばん良かったのは自分の住む地域で、かけがえのない仲間や友達ができたことです。辛いこともあったけれど、本当にいい経験をさせてもらった」と笑う山本さんにとって、PTAの改革は単なる結果であり、そこに至るまでの過程で得たものの方が大きかったようです。

嶺町小学校が最初に行ったアンケート結果の抜粋

お仕事をしていますか。

①フルタイム	155名	31%
②パートタイム	159名	32%
③していない	183名	37%
④その他	3名	0%

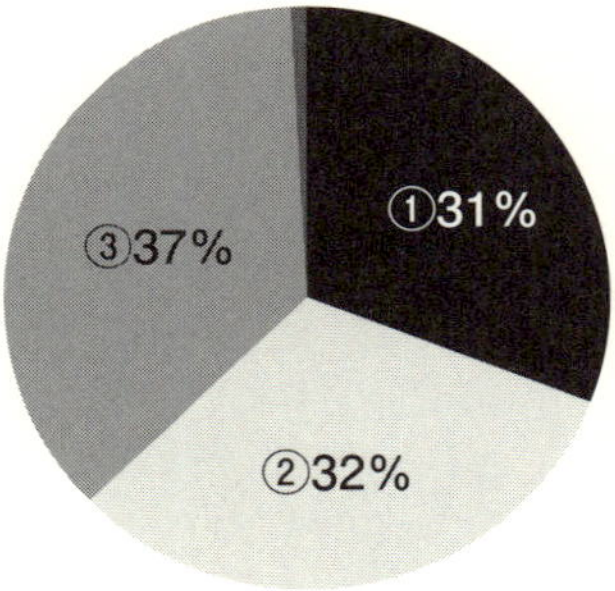

お子さん1人につき、
1回は必ず委員を引き受けること
についてどう思いますか。

①このままでよいと思う	342名	70%
②不満である・・・・・・	48名	10%
③よく分からない　・・	101名	20%

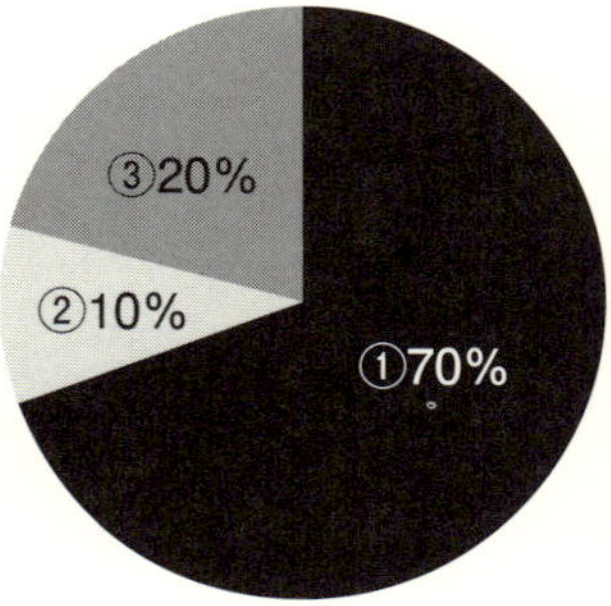

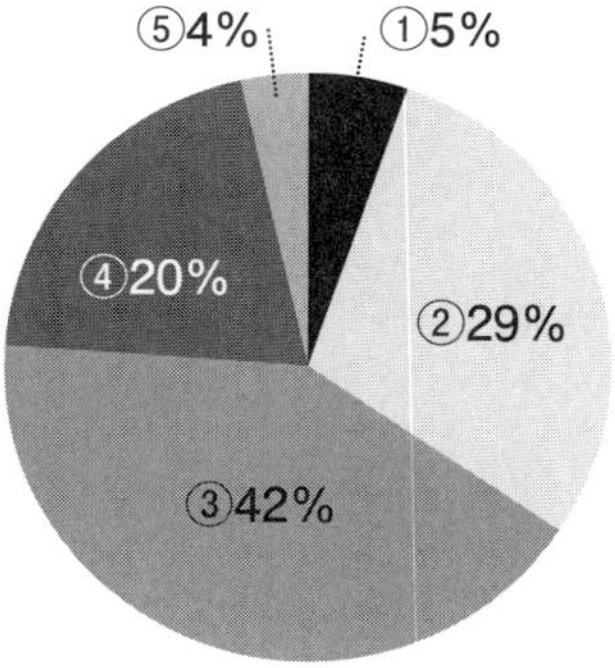

PTA活動に参加したいですか。

①積極的に参加したい　・ 26名　5%
②参加したい・・・・・ 140名 29%
③どちらでもない・・・ 200名 20%
④できれば参加したくない 97名 20%
⑤参加したくない・・・・ 17名　4%

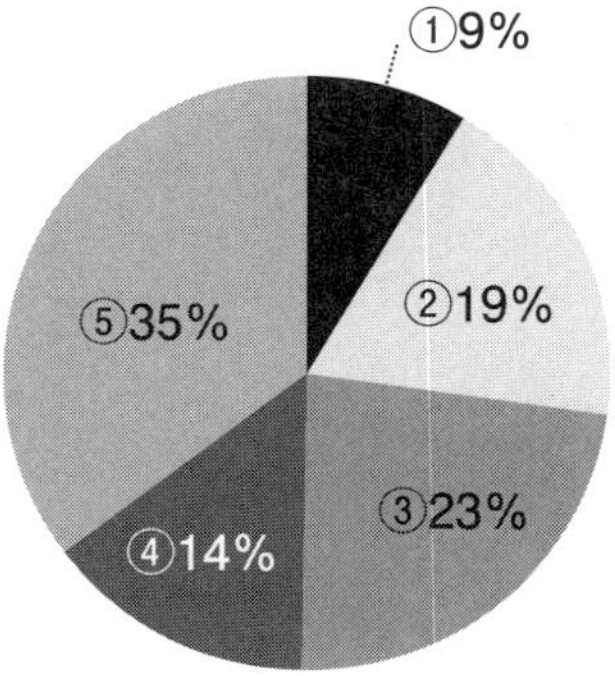

他校では、PTA活動に「ポイント制」を導入しているところもあります。「ポイント制」とは、6年間でのPTA活動に目標ポイントを設定し、PTA役員や各委員・行事のお手伝いなどの経験や参加状況にポイントをつけ目標数まで貯める制度です。「ポイント制導入」についてどう思いますか。

①賛成・・・・・・・・・・ 44名　9%
②どちらかというと賛成　95名 19%
③どちらかというと反対 117名 23%
④反対・・・・・・・・・・ 73名 14%
⑤分からない・・・・・ 179名 35%

あとがき

「ここ数年来いっぽんにＰＴＡは、だんだんだめになってきています。いよいよ形式化してきています。多くのまじめな親たちがＰＴＡに愛想をつかし、ＰＴＡから身をひいています。教師の多くがＰＴＡから逃げ腰になっています。」

これは教育学者の宮原誠一さんが、１９６７（昭和42）年に刊行した『ＰＴＡ入門』の冒頭に書いた文章です。それから50年が経過して、ＰＴＡをめぐる状況には何らかの変化があったのでしょうか。

近年、ＰＴＡをめぐる議論が活発になってきています。本書はこの機をとらえてＰＴＡ改革に乗り出す方々の助けをしたいと企画されました。

私は、ＰＴＡ問題の解決に最も難しいのは、周囲の無理解と無関心ではないかと考えています。「自分には関係がない」、「かかわりたくない」と考える人が多ければ多いほど、ＰＴＡの役員や委員のやる気が奪われて、諦めと現状肯定が広がってしまうのです。

子どもを持っている、あるいは持つかもしれないすべての方にとって、ＰＴＡは決して「関係がない」で済ませてよいものではないと思います。

こう言うと、むっとして反論される方がたくさん出てくることでしょう。

たとえば「好き好んでＰＴＡの会員になったわけじゃない」とか、「ＰＴＡ会費を払っているのだから義務は果たしているでしょう」とか、「小学校・中学校は義務教育で通わせているわけで、そのぶんの税金は払っているんだから、学校で何とかしてよ」とか、「ＰＴＡはやりたい人がやっているんでしょう。恩着せがましくしないでほしい」とかです。

ここに見られる意識の差が、ＰＴＡの最も根深い問題です。

このように、挑発的な言い方をすればあらわになる問題の多くが、ＰＴＡには眠っているのですが、多くの学校とＰＴＡでは問題が表面化することはありません。

その理由の一つは、わざわざ問題にするよりも、あいまいに乗り切ってしまったほうがよいという事なかれ主義が大勢を占めてきたからです。もう一つの理由は、たとえ少数でも献身的にがんばってくれるＰＴＡ会員がいたために、これまでは何とかなってきたからです。

そういうわけで、ＰＴＡは、口うるさい「教育ママ」のように、敬して遠ざけられてきました。しかし、そろそろ問題の先送りにも限界があるようです。

私は「自分には関係ない」、「役員なんかやりたくありません」とはっきり言う方が、もしＰＴＡ改革に本腰を入れて取り組んでくれたとしたら、力強い味方になるのではないかと考えています。自分の意見を堂々と述べることができるのは、得がたい資質だと思うからです。

坂本龍馬に見いだされて海援隊に入り、維新後は外務大臣として外交交渉で大活躍した陸奥宗光は「日本人には『ノー』ということの出来るものが少なくて困る」とよく言っていたそうです。それから１００年以上が経過して、日本人の中にも「ノー」が言える人が増えてきたのはむしろ喜ばしいことです。

私は、特にそのような方たちに、ＰＴＡのことを理解してもらいたいと思って本書を書きました。もちろん、これまでＰＴＡを支えてこられた方たち、そしてこれからＰＴＡを支えていってもらいたい方たちにも、ぜひ読んでいただきたいと考えています。

といっても、私自身まだまだＰＴＡの入り口にたったばかりで、その長い歴史やかかわってきた人々の思いや努力の前に、ちょっと茫然としています。正直に言えば、毎日のように「これで良かったのだろうか」と思い悩む日々が続いています。ひょっとすると、今後また考えが変わることがあるかもしれません。

繰り返しになりますが、本書はＰＴＡを何とかしたいという思いのもとに書かれました。ＰＴＡにかかわるすべての方に、本書のメッセージが届くことを願っています。

最後に、本書を書くにあたって取材に応じてくれた方々、出版の労をとってくれた方々、そしていつも私を支えてくれている方々、そして、今までＰＴＡにかかわってきたすべての方々全員に、深く、深く感謝を捧げます。みなさんがいなければ、本書は完成することはありませんでした。

ＰＴＡを知るためのブックガイド

（参考文献）

【1】まんがで読めるPTA

Web PTAまんが「あくまで個人の感想で個人差があります」(たる野ニコラ)
http://nicola.digi2.jp/
PTA活動に参加していろいろな思いを抱いた、たる野ニコラさんがウェブまんがというかたちを借りて問題提起を行ったもの。PTA関係者は必読です。

書籍 まついなつき『まさかわたしがPTA!?』メディアファクトリー/2010年
作者のPTA体験をもとに描かれたPTAまんが。PTAで誰もが体験するであろう問題が浮き彫りになっています。

【2】PTA会長の体験談

書籍 山本シュウ『レモンさんのPTA爆談』小学館/2005年
ラジオDJの山本シュウさんが、子どもの通う公立小学校のPTA会長を引き受けることになってからの熱い感動の実践を語りかけてくれます。

書籍 勝吉章『PTA会長が楽しくなる本』プランセス出版/2013年
64歳で、子どもの通う公立小学校のPTA会長を引き受けた著者が、4年間の経験からPTA会長のコツをまとめた自費出版の電子書籍。

書籍 朝岡敏春『経営コンサルタントがPTA会長になった 楽しくなければPTAじゃない!』文芸社/2010年
小中学校を通して6年間PTA会長を務めた著者が、独自ルートで制服を発注して従来より3割安くした話や、パチンコ店開店反対運動の話などを語ってくれます。

書籍 武田正徳『「職業PTA会長」の1年間―こうなったら、会社を辞めてでも、やるしかねえべ!!』はまの出版/1996年
山形県東置賜郡高畠町で生まれ育ち、農業をしながら青年団や消防団で活躍した著者が、長男の非行を契機にPTA会長として学校の立て直しに乗り出す熱い話。

Web MBAよりPTA! 本物の仕事力を鍛えるのにPTA活動が適している理由(サイボウズ式)
http://cybozushiki.cybozu.co.jp/articles/m000284.html
http://cybozushiki.cybozu.co.jp/articles/m000289.html
川島高之さん(大手商社系の上場会社の社長)と川上慎市郎さん(グロービス経営大学院准教授)という2人のPTA会長体験者のトークセッション。

【3】PTAについてもっと知りたい

書籍 Pネットワーク『はじめてのPTA―より楽しくより豊かに活動するために』WAVE出版/1997年

15年以上前の本ですが、ここで語られるPTAの問題は、現在もあまり変わっていません。わかりやすく書かれたPTAの入門書。

Web 「PTA進化論」川端裕人

http://www3.atwiki.jp/cloud9science/pages/139.html

『PTA再活用論』出版後に、PTA論者として遇されるようになった著者による読売新聞の連載コラム。ウェブで無料公開されています。

Web 学校たんけん隊

http://www5d.biglobe.ne.jp/tanken/

幼稚園生活と小学校生活、そしてそれぞれのPTAについて書かれた個人サイト。子どものママが「ほんとうに知りたいこと」を伝えるためにつくったそうです。

Web 「PTA活動のためのハンドブック」神奈川県教育委員会/2014年

https://www.planet.pref.kanagawa.jp/ken/pta/pta_handbook.htm

神奈川県教育委員会が発行するPTA活動のハンドブック。会議の進め方や広報誌の作り方など具体的に書かれています。

Web 「みんなでまなぶPTA」世田谷区立小学校PTA連絡協議会・世田谷区教育委員会/2012年

http://www.city.setagaya.lg.jp/kurashi/103/133/523/d00005861.html

世田谷区教育委員会と世田谷区のP連が共同でつくったPTAのしおり。やや理念先行ですが、理想のPTAがよくわかります。

Web 全国PTA問題研究会（全P研）

http://www.k3.dion.ne.jp/~zenpken/

かつて教師だった尾木ママ（尾木直樹）や、作家の川端裕人さんも所属していたという、全P研。全国で唯一のPTAの実践的研究団体です。

【4】PTAについて詳しく知りたい

書籍 全国PTA問題研究会『PTA入門シリーズ1　総論編　PTAとは何か』あすなろ書房/1983年

30年以上前の本になりますが、任意加入か自動加入かなど、現代にも通じる論点がたくさん研究されています。続編として「活動編」、「広報編」もあります。

書籍 宮原誠一『PTA入門―PTAとはなにかPTAはなにをなすべきか』国土社/1990年
全国PTA問題研究会の発起人の一人であり、代表も務めた宮原誠一教授によるPTA入門。原著の刊行は1967年。

書籍 小田桐誠『PTA改造講座』日本放送出版協会/2002年
ノンフィクション作家である著者がPTA会長を経験して書いたPTA論。日Pや P連などの組織についても詳しく書かれている。

Web 日本PTAの歩み（公益社団法人　日本PTA全国協議会）
http://www.nippon-pta.or.jp/ayumi/
日本PTA全国協議会のウェブサイトに掲載されている日本のPTAの歴史。日本PTA全国協議会の歴史についてもわかります。

書籍 PTA史研究会『日本PTA史』日本図書センター/2004年
日本のPTAの歴史をまとめた分厚い書籍。PTAの歴史を知るための研究書です。資料が充実しています。

【5】PTAの何が問題か

書籍 堀内京子・前田育穂『PTA不要論 誰が誰を支えているのか』朝日新聞社/2012年
朝日新聞にて連載されたPTA問題の記事を一冊にまとめた電子書籍。朝日新聞社のWEB新書のほか、kindleやkoboでも入手できます。

書籍 三宮千賀子・山口亜祐子・小林明子『もはや暴力!PTA役員選び「平等」な強制無償奉仕の現実』朝日新聞社/2013年
朝日新聞社の雑誌「アエラ」にて連載されたPTA問題の記事を一冊にまとめた電子書籍。朝日新聞社のWEB新書として読むことができます。

Web「入会なんて聞いてない ―― 父親たちの語るPTA」川端裕人×木村草太
http://synodos.jp/society/5096
PTAの強制入会は違法ではないかと主張する作家と憲法学者の対談。実体験がベースにあるため興味深く読めます。

Web Think! PTA!（素晴らしいPTAと修羅場らしいPTA）
http://www.think-pta.com/
PTA問題について知るためのウェブサイト。上記の川端裕人さんらが立ち上げたサイトなので、PTA改革論が優勢になっています。

書籍 加藤薫ほか『世間の学2012　VOL.2』日本世間学会/2012年
日本世間学会の機関誌。加藤薫准教授の「日本型PTAに認められる問題点 ― ないがしろにされる「主体性」 ―」が掲載されています。

Web 教育支援協会「PTAを活性化するための調査報告書」/2010年
http://www.kyoikushien.org/pdf/2010PTA/PTA_Doc1.pdf
NPO教育支援協会が文部科学省の委託を受けて行ったPTA活性化事業の報告書。シンポジウム「これからのPTAのあり方」が全文収録されています。

【6】PTAを改革したい

書籍 大塚玲子『PTAをけっこうラクにたのしくする本』太郎次郎社エディタス/2014年
数多くの人に取材をして、PTAにまつわる問題をまとめて整理した画期的なPTA本。イラストが多く簡単に読むことができます。

書籍 長沼豊『人が集まるボランティア組織をどうつくるのか:「双方向の学び」を活かしたマネジメント』ミネルヴァ書房/2014年
高校・大学時代からさまざまなボランティアにかかわり、中学校の先生、PTA会長などを経験してきた教育学者によるボランティア組織のつくりかた。ためになります。

書籍 川端裕人『PTA再活用論 ― 悩ましき現実を超えて』中央公論新社/2008年
現代のPTA問題を世の中に知らしめることになった最初の本。PTA問題の解決には、任意入会の原則を明確にするべきだとの立場をとっています。

書籍 川端裕人『PTA会長と校長先生ってどっちがエラいの?』川端裕人/2013年
PTA問題を周知した川端裕人さんの連載「校長のためのPTA学入門」その他をまとめたもの。無料の電子書籍として全文公開されています。

Web フォーラム・PTAは「新しい公共」を切り拓けるか
http://pta-forum.seesaa.net/
川端裕人・岸裕司・寺脇研・吉田博彦の4氏が呼びかけ人となって2010年8月7日に開かれたフォーラムのまとめサイト。テキストと音声ファイルで追体験ができます。

【7】PTAの改革事例

Web 東京都大田区立嶺町小学校PTO公式ウェブサイト
http://minesho-pto.com/
毎日新聞記者の山本浩資会長(団長)のもと、PTA改革を成し遂げた大田区立嶺町小学校PTOのウェブサイト。改革案説明会の動画なども見られます。

書籍 平川理恵『あなたの子どもが「自立」した大人になるために』世界文化社/2014年

横浜市立市ヶ尾中学校の民間人校長であり、娘の通う公立小学校のPTA会長も務める平川理恵さんの教育論。

書籍「婦人之友」2014年11月号「どうする？どうしたい？PTA活動」婦人之友社

平川理恵さんがPTA会長を務める大田区立雪谷小学校のPTA改革事例を中心に、PTAの成り立ちや歴史などを解説した記事です。

Web シングルパパはPTA会長

http://blog.livedoor.jp/moepapa516-pta/

PTA会長として、自らの所属するPTAを任意入会の組織に改革した札幌市立札苗小学校PTA会長上田隆樹さんのブログです。

【8】他のPTAの事例を知りたい

Web 教育支援協会/2010年「特徴あるPTA活動事例集〜大人の連携からできること〜」

http://www.kyoikushien.org/pdf/2010PTA/PTA_Doc2.pdf

NPO教育支援協会による、ユニークなPTA活動の事例集。全16校のPTAの事例が掲載されています。

書籍『PTA実践事例集（27）家庭・学校・地域の「絆」をつむぐPTA活動』日本PTA全国協議会/2013年

日本PTA全国協議会の発行する、全国のPTAの実践事例集。書店では売っていませんが、協議会にFAXで申し込むと送ってもらえます。

書籍 日本PTA全国協議会『第34回全国小・中学校PTA広報紙コンクール　優秀広報誌賞』日本教育新聞社/2012年

毎年の「PTA広報誌コンクール」の優秀広報誌を集めた書籍。本書では2012年版を参考にしましたが、毎年発行されています。

書籍 玉置崇・斎藤早苗『「愛される学校」の作り方 ― 悩める校長とPTAを救う！実践とノウハウ』プラネクサス/2014年

PTA会長（保護者）と校長（学校）がお互いに協力し合って学校の情報公開を行い、関係を深めた愛知県小牧市立小牧小学校の記録。

【9】日本の学校教育について

書籍 川端裕人・藤原和博『バカ親、バカ教師にもほどがある』PHP研究所/2008年

PTA問題を世の中に提起した川端裕人さんが、杉並区立和田中の民間人校長としてPTAをなくしてしまった藤原和博さんに、学校教育について聞きます。

書籍 池上彰『池上彰の「日本の教育」がよくわかる本』PHP研究所/2014年

名解説者の池上彰さんが日本の教育問題について説明した本です。全11章のうち、1章がまるまるPTAについて書かれています。よくまとまっています。

書籍 保育園を考える親の会OB組『小学校の不思議な常識―学校生活で困らないための親から親へのアドバイス!』学生社/2003年

PTAに限らず、ローカルルールの多い小学校。初めて小学校を体験するママたちの疑問から生まれたアドバイス集。全9章のうち、1章がPTAに当てられています。

【10】小説やエッセイで読むPTA

書籍 加納朋子『七人の敵がいる』集英社文庫/2012年

テレビドラマ化もされた、極上エンターテインメントのPTA小説。PTAだけでなく、自治会、学童保育の父母会など、さまざまな組織で主人公が奮闘します。

書籍 永畑道子『PTA歳時記―わたしの教育ノートより』文春文庫/1991年

全国PTA問題研究会の会員でもある作家の永畑道子さんが、自らのPTA体験を綴ったエッセイ。原著は1982年刊行でやや古いけど、考えさせられます。

【11】地域とのかかわりを考える

書籍 岸裕司『学校を基地に「お父さんの」まちづくり―元気コミュニティ!秋津』太郎次郎社/1999年

東京湾の埋め立て地にできた千葉県習志野市秋津地区に引っ越してきた岸裕司さんが、学校を中心としたコミュニティをつくりあげていった記録です。

Web PTAにも「ビジネス感覚」保護者も先生もメリットを求めて当然(WEDGE Infinity)

http://wedge.ismedia.jp/articles/-/3579

1980~90年代に千葉県習志野市立秋津小学校PTA会長として、学校と地域を結ぶ秋津コミュニティづくりに尽力した岸裕司さんのPTA論。現在も顧問としてコミュニティを支えています。

Web「地域活性化の拠点として〜学校を活用した地域づくり事例調査」総務省/2013年
http://www.soumu.go.jp/main_content/000222444.pdf
学校を活用して地域を活性化させた事例を集めた総務省の調査報告書。写真も多く柔らかなテイストで楽に読めます。

Web 脱常識！江戸川区のすごい「学童保育」（東洋経済オンライン）
http://toyokeizai.net/articles/-/24310
江戸川区が行った「学童保育」の改革について、江戸川区長の多田正見さんに取材してまとめた記事。

書籍 金子郁容『日本で「一番いい」学校 ― 地域連携のイノベーション』岩波書店/2008年
ネットワーク論を専門とする大学教授であり、慶應大学の付属小学校である慶応幼稚舎の校長も経験した著者による学校論。

【12】その他

書籍『子どもとメディアに関する意識調査　調査結果報告書』日本PTA全国協議会/2012年
「子どもに見せたくない番組」などが掲載されている調査結果報告書。日本PTA全国協議会のウェブサイトから無料でダウンロードできます。

書籍 岩崎夏海/2012年『もし高校野球の女子マネージャーがドラッカーの『マネジメント』を読んだら』ダイヤモンド社
とある公立高校野球部の女子マネージャーが「マネージャー」の仕事を知るために「マネジメント（組織経営）」の本を読むという形式のノウハウ小説。映画化もされました。

田所永世（たどころ・えいせい）

1975年生まれ。早稲田大学第一文学部卒業。編集プロダクション勤務を経てフリーになる。ビジネス書などを中心に70冊以上の書籍のライティングを担当。著書に『中間報告 橋下府知事の365日』（ゴマブックス）などがある。2014年現在、子どもの通う小学校PTAの一部門で活動中。

装幀　荒川伸生（NAdesign）
イラスト　喜内順子（KINAI COMMON ROOM）

運営《うんえい》からトラブル解決《かいけつ》まで
PTAお役立《やくだ》ちハンドブック

2015年2月10日　初版第１刷発行

著　者　田所永世《たどころえいせい》
発行者　増田義和
発行所　株式会社有楽出版社
〒104-0031 東京都中央区京橋3-6-5 木邑ビル4F
電　話　03-3562-0671
発売所　株式会社実業之日本社
〒104-8233 東京都中央区京橋3-7-5 京橋スクエア
電　話　03-3535-4441（販売）
振　替　00110-6-326
実業之日本社URL　http://www.j-n.co.jp/
印刷・製本　大日本印刷株式会社

ISBN978-4-408-59427-9 Printed in Japan